LE CRÉDIT

EN

FRANCE

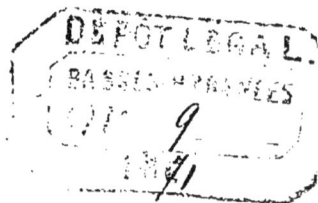

PAU, IMPRIMERIE DE Mme Ve TONNET.

LE CRÉDIT

EN

FRANCE

PAR

Romuald DEJERNON

~~~~~~

> Que celui qui rejette les remèdes
> nouveaux ; s'attende á des cala_
> mités nouvelles. . BACON.

PARIS

André SAGNIER

CARREFOUR DE L'ODÉON, 7

Libraire-Éditeur

—

1871

I

Coup-d'œil sur la situation.

Au moment où chacun cherche à découvrir à travers les obscurités et les angoisses du présent, les espérances ou les dangers de l'avenir, il est du devoir de ceux qui veulent le relèvement et le bien de la France, de se déclarer hardiment contre les erreurs intéressées, et cela avec calme, sans amertume et dans un esprit de conciliation.

La situation aujourd'hui est grave: elle empire chaque jour: les illusions s'effacent devant une réalité morne et pleine de périls. Aussi, celui qui se croit armé de la vérité, doit la dire, la publier, la répandre par la parole, par la presse, dans les journaux, dans les livres, dans les réunions publiques, partout. — Qu'importent les obstacles! il faut les vaincre. — qu'importent les attaques! il faut les mépriser. — Marcher en avant. — la vérité doit triompher avec l'aide de la liberté. Pour tout homme qui croit aux grandes lois de la solidarité humaine, agir est aujourd'hui d'une nécessité pressante, impérieuse.

Sans doute, l'heure n'est pas aux systèmes: elle appartient entière aux sacrifices! — Cette sinistre réalité de l'invasion, notre sol rançonné et dévasté, notre gloire ternie, cette voie sanglante où se traîne la France, et qui la mènera à la résurrection par le Calvaire, tout devrait étouffer la pensée, faire tomber la plume. — Il ne peut en être ainsi. — Non découragé, mais désolé, le cœur en deuil, chacun doit faire son devoir. C'est pendant que la patrie est sur la croix, qu'on doit préparer le baume qui guérira ses plaies et cicatrisera ses blessures. Ce qu'il nous faut donc, c'est rechercher les moyens de rendre la France libre et prospère, d'éteindre les discordes et de réunir tous les citoyens dans une même étreinte.

Des événements comme ceux dont la France est le théâtre ne peuvent s'accomplir, sans emmener une immense perturbation dans les diverses branches de l'économie sociale. Peut-être que le crédit est le rouage qui en a ressenti le plus rudement le contre-coup : ses opérations suspendues, ses principes qui s'appuyaient sur l'ancien ordre de choses arrêtés, modifiés déjà par l'opinion et bientôt réprouvés par une société qui tend à se régénérer ; tout fait une obligation d'étudier les moyens de reconstituer sur de nouvelles bases les rapports du crédit avec notre société. La France a une dette de 22 milliards : avant la guerre, elle en avait une de plus de 14.

Comment ne pas s'émouvoir devant la crise financière qui se prépare, devant les périlleux embarras dans lesquels la nation va être plongée : comme aggravation de cette crise, la question sociale va se poser plus redoutable que jamais. Outre la tragédie parisienne qui laisse voir au fond de la scène les comparses des dynasties dispersées, des plaintes, des rumeurs s'élèvent déjà dans les classes pauvres des départements, et elles amèneront avec elles la défiance, la désaffection, l'émeute. Il faut se hâter de calmer les douleurs et d'appaiser les rancunes. — Le commerce s'est éteint dans la paralysie et dans la ruine ; les ateliers se sont fermés à l'exemple des comptoirs ; les entreprises industrielles et manufacturières qui ont été surexcitées depuis une vingtaine d'années, les gigantesques travaux nécessités par la reconstruction de Paris comme par la création des voies ferrées, ont jeté dans les villes une immense population ouvrière. Cette population plongée dans le plus affreux dénument par le chaumage, pousse un long cri de détresse qui retentit d'un bout de la France à l'autre, et nous fait pressentir des soulèvements et des troubles — à côté de ce danger se place la disette des subsistances et des matières premières qui va devenir la question sociale palpitante ; si elle n'est pas promptemens résolue, elle aussi doit causer des perturbations profondes dans notre société aujourd'hui sans base.

Acculé aux limites extrêmes du salaire, abandonné de tout, l'ouvrier ne doit-il pas, avec l'ignorance, prêter l'oreille à cette misère qui se compose de toutes les privations, de toutes les envies. — La lutte a été jusqu'à ce jour sourde et particlle ; elle se bornait à quelques catégories d'ouvriers : mais aujourd'hui elle est collective et parfaitement organisée : et, d'un moment à l'autre, toutes les branches de l'industrie française peuvent s'y trouver mêlées. Ce n'est plus contre tel chef d'atelier que la guerre sera déclarée : elle menace de s'étendre sur la France entière, avec d'autant

plus d'intensité que ce vieil esprit révolutionnaire puisé
dans la mystérieuse tradition de notre patrie vit et do-
mine plus énergique que jamais dans le cœur du peuple.

Qu'on ne voie pas dans mes paroles les exagérations
d'un pessimiste: j'ai adouci le tableau, loin de l'assom-
brir.

Mais si tous les éléments de la révolution sont in-
flammables, tous ne portent pas avec eux la désolation.
Si on compare la révolution à une lave vomie par un
volcan trop longtemps comprimé et auquel on n'a pas
ménagé une issue, l'on doit dire aussi que cette lave
roule avec elle les métaux les plus précieux et les principes fertilisants de toute production.

Aujourd'hui chacun sait que les réformes politiques
comme les réformes sociales sont impuissantes lorsqu'on
les isole, et que les révolutions doivent avoir leurs conséquences dans tous les ordres de faits ; dans les faits
politiques, dans les faits financiers comme dans les faits
sociaux.

Le 4 septembre n'a pas été seulement la punition et
la réparation d'un crime; il a eu surtout pour but le
développement de la vie publique et sociale: il apporte
et doit apporter des réformes dans la masse des citoyens, et la conduire à l'amélioration matérielle et morale : il doit être la destruction de tous les priviléges ,
et l'inauguration de tous les droits, l'inauguration de
la justice. Sans doute un changement considérable s'est
fait dans les idées : mais cela ne suffit pas: il faut son-
der plus avant le grand problême de la vie des peuples.

Deux principes peuvent affranchir la France et la

mettre à l'abri de toute convulsion : la liberté, l'égalité. Eux seuls sont dignes des vœux et des efforts de tous, et parviendront sous peu, nous devons l'espérer, à ranimer ce puissant enthousiasme auquel la démocratie a du tant de victoires. — Qu'on laisse faire la liberté et l'égalité; elles guériront tous les maux qu'elles pourraient accidentellement engendrer.

La République est acceptée: — Ce mot *République*, apporté par l'orage, a d'abord ému, effrayé les campagnes: défiguré par les enseignements mensongers des dynasties, il a semé l'agitation ; —agitation féconde qui fera comprendre que la République, c'est la chose publique, l'intérêt de tous, la justice, le progrès, l'ordre se formulant par des lois faites par tous directement ou indirectement. — La République, c'est le gouvernement de droit et non de fait, comme la monarchie légitimiste; le gouvernement de la vérité, et non de la fiction comme la royauté constitutionnelle : c'est le gouvernement de la justice, de la morale, de tout ce qui est grand, intelligent et pur, et non celui du brigandage, du vol et de la honte, comme celui qui vient de s'écrouler dans un cri formidable de malédiction et de souffrance: le pouvoir appartient au plus digne, et ne s'abandonne plus au hazard de l'hérédité.

L'arbre est jeune encore: c'est à nous de le défendre contre les vents de l'orage, la hache du privilège et de l'intérêt: à nous de nous grouper autour de lui, de le protéger. Il doit porter les plus beaux fruits, mûris au soleil de la démocratie : et ces fruits s'appellent ordre, souveraineté du peuple, liberté, égalité, propriété, instruction, fraternité, solidarité. —

Chassons les rancunières idées qui ont déjà perdu la
République en 48. Le peuple cherchant à abaisser
l'influence de la bourgeoisie : la bourgeoisie se livrant,
afin de se garantir contre des craintes chimériques,
contre les excès de la domination populaire. L'un,
courant à la satisfaction de ses rancunes, l'autre à
la cessation de ses terreurs. Évitons ces luttes in-
sensées, toujours contraires aux intérêts du peuple.
Elles l'agitent sans le fortifier, et font naître
dans l'ordre social des convulsions dont le résultat
a été jusqu'à nos jours d'édifier de nouvelles dynasties sur la ruine des dynasties chassées, de créer
de nouveaux privilèges sans détruire les anciens, enfin
de faire naître de nouvelles ambitions. — Que le patriotisme nous donne la force de nous vaincre nous-
mêmes, et nous fasse assez aimer la République pour
lui sacrifier les colères et les ressentiments. Il est nécessaire qu'elle soit forte pour se défendre contre les
agitations qui sont la suite de tout changement, contre
les menées des partis tombés, contre leurs conspirations,
contre leurs haines. — A notre époque, toutes les
nuances libérales et progressives doivent se fondre dans
un grand parti, qui est la Révolution.

Que toute croyance, que toute foi se jette dans la
lutte : que toutes les intelligences, tous les courages se
consacrent à l'établissement durable de la République, et avec elle à l'affranchissement de la double servitude qui pèse sur le peuple des campagnes et des
villes, la servitude de l'ignorance et la servitude de la
misère.

Le peuple a étouffé dans son cœur les germes de làcheté qu'on y avait semé. Dans les luttes révolutionnaires d'un siècle, il a trempé son caractère et accru son courage. Il veut le droit, la liberté, le travail, parce qu'il sait qu'en dehors d'eux, il n'y a plus qu'impuissance et stérilité.

Pour triompher, la démocratie s'appuie sur la justice de son but, sur la pureté de ses moyens. Elle demande l'instruction qui révèle à l'homme sa puissance et qui réveille son intelligence : le capital qui sert au développement de cette puissance et de cette intelligence : — à côté de l'instruction, il faut donc placer la réorganisation du crédit. Dans cette étude, nous ne nous occuperons que de ce dernier.

Mais, avant d'aborder la partie technique de notre proposition, nous essayerons de montrer la nécessité d'une modification radicale dans la législation financière actuelle, en puisant nos exemples dans la propriété immobilière et surtout dans l'agriculture.

II.

L'agriculture n'a pas le crédit. — On le lui doit comme à l'industrie et au commerce.

Lorsqu'on étudie le jeu de nos institutions, on en arrive à se demander si l'on ne doit pas enfin ouvrir les yeux à la lumière, afin d'éviter des catastrophes de toute sorte, catastrophes politiques et sociales, la catastrophe de la faim.

Tout est disposé en France de façon à grèver la propriété foncière pour affranchir la finance et la propriété mobilière. Le capital s'accumulant ainsi dans les villes et grandissant leur influence, chaque jour se creuse plus profond l'abîme qui les sépare des campagnes : et, lorsque l'agriculture, invoquant le principe de l'égalité, a revendiqué quelques-uns des droits si largement remis entre les mains des autres sources de la fortune publique, elle n'a reçu que des encouragements si faibles, qu'ils produisaient sur l'ensemble de cette vaste industrie l'effet d'une imperceptible goutte d'eau sur les lèvres altérées d'un homme dévoré d'un soif ardente. — Aujourd'hui plus que jamais ne devrait-on pas se rappeler les paroles d'Alphonse Karr empreintes de cet accent de vérité et de raison qui caractérise à un si haut point tout ce qui sort de sa plume : « la France a un peu faim : il serait peut-être opportun de mettre les choses à leur place légitime; l'agriculture à la tête de toutes les autres : Car, si la civilisation n'y prend garde, il arrivera de l'homme civilisé ce qui arriva de la fameuse jument de Roland, qui était une si excellente bête, qui courait si bien, qui était sobre, obéissante, courageuse, mais....... qui était morte depuis trois semaines.... il faut courir à l'agriculture comme on court à une incendie; comme les naufragés nagent vers un radeau : il faut rendre à l'agriculture sa place et son rang. » — Les révolutions se succèdent: les liens se brisent: les dépendances s'affranchissent : et toujours le plus grand intérêt, l'intérêt du sol, est subordonné à tous les autres: il disparait ou est étouffé au milieu des discussions ardentes et passionnées, par la coalition tacite des intérêts de caste, de personnes, de boutique, de religion.

« L'agriculture considérée comme science, comme industrie, comme élément social, a une si grande importance, qu'on ne peut comprendre l'oubli dans lequel on l'a abandonnée pendant des siècles. En vain le passé témoignait-il que de tout temps et dans tout pays, elle seule a dirigé et sauvegardé la civilisation ; que les nations n'ont grandi que par elle ; qu'elles puisent leur force et leur vitalité dans le sol qu'elles appellent *patrie*, qu'elles aiment, qu'elles défendent, et auquel se rattache leur existence comme leur nationalité : en vain l'histoire mettait-elle en saillie les sentiments qu'engendrent la propriété et la culture de la terre, comme les intérêts et les rapports qu'elles font naître entre les divers membres d'une même société. — Jamais on ne s'occupait de ces hommes qui, depuis que la France est France, souffrent et se dévouent, des paysans. »

« L'agriculture est la première des forces vives de la nation : elle couvre tout le territoire : elle est en quelque sorte la France entière ; elle entretient et renouvelle la richesse publique par une création variée à l'infini, et produit annuellement pour 18 milliards. Elle fournit à l'industrie toutes les matières premières que celle-ci manufacture, à part le fer : au commerce, toutes les marchandises qu'il répand, qu'il échange ou qu'il exporte : à tous le pain, le vin, la viande, les légumes, les fruits, le bois ; elle donne aux beaux-arts leurs moyens d'existence ; les villes ne doivent qu'à elle leurs embellissements comme leur prospérité ; toutes les autres industries s'effacent devant elle ; leur capitaux et leur personnel disparaissent, si l'on les rapproche des capitaux et du personnel agricole ; elle absorbe tous les intérêts dans les siens. Enfin, presque toute la France vit par l'agriculture et pour l'agriculture ; par nécessité comme par goût nous sommes un peuple de cultivateurs. » (1) Et cependant on n'a jamais donné le crédit aux campagnes.

Chez nous, le crédit est une organisation purement fiscale: et quand on l'a créé, on n'a pas eu un instant en vue la terre, machine de production, l'agriculture, source de de toutes les richesses. Jamais l'industrie agricole n'a reçu aucune impulsion. Tous les capitaux et les intelligences qui les suivent, ont été dirigés vers les arts, le commerce et l'industrie manufacturière. On a toujours négligé le juste équilibre qui, pour asseoir la fortune publique, doit exister entre la production du sol et le commerce qui la fait circuler ou l'industrie qui la façonne. On dirait qu'on s'est plu à oublier le principe que la civilisation n'est que la résultante de toutes les forces sociales vers un but essentiellement progressif, l'amélioration de la condition de chacun et de tous.

Aussi, en France où l'homme est actif, bien doué, énergique, où la terre est riche et féconde, les débouchés faciles, la population suffisante, la culture n'est ni développée, ni perfectionnée, ni intelligente. — L'agriculture devrait être l'égale de l'industrie et du commerce devant les institutions de crédit comme devant toutes les lois du pays.

Ce n'est pas au nom d'un antagonisme quelconque que nous demandons cette égalité: car il ne peut exister de rivalité entre l'agriculture, le commerce et l'industrie: un lien intime les relie : tous trois sont indis-

_____

(1) Instruction et liberté, par M. Romuald Dejernon.

pensables à la prospérité publique. — L'industrie ne
façonne que les matières de l'agriculture, et le
commerce ne fait circuler que les produits de l'une et
de l'autre : sans agriculture, pas d'industrie : et sans
agriculture et industrie, pas de commerce. Ces trois
sources de toute richesse sont dans un état de dépen-
dance réciproque et de solidarité mutuelle.— Seulement
l'agriculture occupe le premier rang. — Elle n'est pas
comme une autre industrie qui, quand elle ne réalise
pas des bénéfices, suspend son travail et ferme son
usine ; l'agriculture ne peut chaumer, sans détruire par
ce chaumage la vie sociale comme la vie naturelle. Elle
ne peut craindre de manquer de consommateurs, puisqu'elle satisfait aux besoins de tout le monde : elle ne
peut subir de temps d'arrêt, puisqu'elle a pour matière
première les engrais et les semences qu'elle produit
elle-même, et pour atelier la terre qui est sous ses pas.
Si elle crée une plus grande somme de produits, l'industrie en aura à mettre en œuvre une quantité plus considérable, pendant que le commerce profitera de ce
mouvement.— L'agriculture devrait donc attirer à elle
les forces de la nation, soit à cause du rôle qu'elle joue
en France, soit à cause des éléments qu'elle seule peut
fournir à l'industrie, soit enfin, dans l'intérêt de cette
dernière, à cause de l'immense débouché qu'elle offre à
tous les produits manufacturés. — L'industrie n'est
pas dans des conditions aussi favorables : elle ignore,
quand elle les fabrique, si elle trouvera le débouché de
ses productions. Si elle manufacture pour la paix,
survient la guerre qui la ruine. Si elle travaille pour
la guerre, elle n'a plus l'écoulement de sa marchandise

dans les moments de calme. Si elle s'est engagée
dans la voie de l'exportation, le moindre trouble politique, une modification dans les traités, dans les tarifs,
dans les douanes, suspendent ou détruisent sa fabrica-
tion : un changement de mode, une grève, une émeute,
les événements que nous traversons peuvent paralyser
les dépenses de luxe. Dans ces circonstances l'industrie
se trouve arrêtée dans son élan, parce que l'offre est
en disproportion considérable avec la demande ; le
prix de ses denrées baisse, et les manufacturiers sont
écrasés sous des pertes énormes.

Le crédit pour l'agriculture a été réclamé de tout
temps: voici les termes dans lesquels Napoléon 1er
émettait son opinion, quand il n'était encore que premier consul : (Des finances fondées sur une bonne agriculture ne se détruisent jamais. Les moyens de crédit
à développer par la terre n'enlèvent pas aux banques du
commerce et de l'industrie la moindre parcelle de leurs
ressources....... la plus périlleuse erreur peut seule
marchander à la terre du crédit et des capitaux. Il n'y
a de richesse publique qu'à la condition de traiter avec
une faveur égale tous les éléments qui la constituent.
Faire une part égale à la terre, c'est ne diminuer en
rien celle de personne, et augmenter, au contraire, celle
de tout le monde.) Cette corrélation des trois industries
réclame de nos députés legislateurs, quand ils s'occu-
pent des lois sur la production, plus d'études qu'ils
ne paraissent le croire: car ce qu'on accorde de protection à l'une au détriment des autres, les paralyse
toutes à la fois.

Que l'état ne patrone pas une des sources de la richesse publique au mépris des autres : que toutes soient libres, ou sous une protection égale.

III.

Faits et rapprochements. — On doit se hater de créer le crédit immobilier.

Le premier devoir d'une révolution est la destruction des privilèges sociaux : si elle n'atteint pas ce but, elle est vaincue par avance, parceque les institutions qu'elle n'a pas renversé font naître et alimentent la contradiction entre les principes proclamés et leur application. — La république démocratique ne doit pas être seulement la liberté de chacun et la souveraineté nationale, elle doit être aussi l'égalité pour tous et l'abolition de tout privilège. — Comme on l'a déjà fait pour la propriété mobilière, la finance, le commerce et l'industrie, il faut doter la propriété foncière d'un mode de crédit répondant à sa nature et à ses besoins, et devenant ainsi un puissant mobile d'amélioration et d'affranchissement. C'est là une réparation qui lui est due. Conserver le système financier qui nous régit, c'est maintenir l'esclavage au sein de la liberté : ce n'est pas seulement la négation de l'égalité, un contre-sens odieux : c'est la violation de la loi progressive de l'humanité

L'agriculture, par exemple, a entre les mains la valeur la plus impérissable, la plus sérieuse, la plus réalisable, puis que tous ses produits sont des produits de première nécessité : et, elle ne peut, à la suite de notre organi-

sation financière, emprunter ce qui lui est indispensable
pour élever au plus haut point une production qui fait
vivre tous les hommes, tous les animaux, qui commandite tous les commerces, toutes les industries.

Le cultivateur a-t-il besoin d'argent, il doit porter ses
denrées au marché et les vendre à quelque prix que ce soit.
Il ne peut ni attendre le moment propice, ni peser les circonstances qui lui sont offertes: le besoin paralyse en lui
la liberté. Il marche à sa ruine, et ne trouve dans les institutions qu'il crée, qu'il soutient par son travail que moyens de désastres et causes de ruines. — Veut-il affecter sa
terre comme gage, comme garantie d'un emprunt? il doit
d'abord s'adresser à un notaire qui lui même s'adressera
à un capitaliste: et lorsqu'il sera établi que l'immeuble a
quatre ou cinq fois la valeur de la somme demandée, quand
on connaîtra les habitudes, et qu'on aura scruté la moralité de l'emprunteur, on passera un contrat dans lequel se
trouveront stipulés et le paiement des intérets, et la date
toujours rapprochée du remboursement; puis, inscription hypothécaire; puis, paiement au fisc: enfin les hono-
raires du notaire intermédiaire.

La propriété rurale est surchargée d'impôts qu'elle
paie à l'état, aux départemens aux communes: son revenu qui est peu élevé proportionnellement aux dépenses de main-d'œuvre qu'il nécessite, et à la cherté
de celle-ci, est subordonné aux maladies des végétaux,
aux épizooties, et de plus à toutes les intempéries des
saisons. — Devant ces charges et ces dangers, l'agriculteur
peut-il supporter un loyer énorme du capital, une prime
écrasante pour le fisc, une grosse rémunération au notaire ;
— Et ces frais payés, sués par lui, arrive la fatale échéan-

ce, emmenant avec elle l'expropriation sous peine de non-paiement. Il n'a pas eu le temps d'améliorer sa terre, et déjà elle est saisie. — Car comment peuvent lui venir en aide pour le remboursement si prompt du capital emprunté, les semences qu'il a confiées au sol, le bétail dont il a rempli ses étables, les amendements qu'il a extraits du sol pour le fertiliser, les travaux auxquels il s'est livré pour assainir ses prairies ou pour les irriguer. Malgré sa courageuse persistance le cultivateur qui emprunte dans de telles conditions est ruiné : et, s'il n'emprunte pas, il meurt de faim sur son champ stérilisé par le défaut de crédit.

La valeur de la propriété immobilière passe ainsi en quelques années dans les caisses du notaire dont le prix de l'office s'est triplé depuis 20 ans, dans celles de l'état qui a tout refusé au détenteur du sol et ne le connaît que pour l'impôt et la conscription, dans celles du capitaliste qui accroît sa fortune sans travail. — Ce résultat doit infailliblement arriver puisque, la terre ne donnant que 2 1/2 $_o/^o$, les enquêtes qui ont jeté la lumière sur la situation hypothécaire de la France, ont montré qu'on ne pouvait évaluer à moins de 7 à 8 $_o/^o$ la moyenne des charges du contrat hypothécaire ordinaire, avec menace de remboursement à terme rapproché. — Le revenu est insuffisant pour le paiement des intérêts ; à plus forte raison cette insuffisance grandit-elle, quand il faut rembourser à court délai le capital lui-même. Aussi, il arrive que pendant que ce dernier reparait lentement par une journalière économie, ou par l'accroissement annuel des produits, l'échéance inexorable surgit : et malgré le travail, l'ordre, la réussite, l'agri-

culteur est perdu. Tous ces travaux si sagement com-
binés deviendront la proie du capitaliste qui aura, par l'expropriation pour 1,000 fr, ce qui en coûte 3,000, en
dehors de la valeur du fonds.

Nous ne parlerons pas des emprunts qui se font par
billets : les conditions en sont plus onéreuses aux agri-
culteurs : — Non seulement l'intérêt est excessif, mais
on ne trouve de l'argent qu'à des échéances si courtes
qu'elles sont incompatibles avec le temps nécessaire à
la production de la terre : Les conséquences de ces emprunts sont toujours des frais de poursuite ou des re-
nouvellements ruineux.

Enfin, personne ne se livre au travail qu'autant qu'il
est assuré de recueillir le fruit de ses efforts : tel est
le mobile qui doit garder toute sa puissance dans l'intérêt même de la société. S'il est paralysé, gêné, s'il
faiblit, l'activité humaine est paralysée, gênée, affaiblie.
Que la propriété soit privée des capitaux et des sûretés
qu'elle exige, qu'elle soit limitée dans son extension par
des règlements en opposition avec la justice, tout va
languir dans l'ordre économique et social. Celui qui,
arrêté par l'hypothèque et l'impossibilité d'user de sa
propriété et de l'amender, ne peut plus accroître sa
fortune et se sent fatalement poussé à la ruine et à l'expropriation, va se renfermer dans une inerte apathie,
et priver la France des produits qu'il eut obtenus, s'il
avait eu le crédit et la liberté. — La société perdra
ainsi des richesses qui lui auraient ouvert de nouveaux
champs de travail et de bien-être.

M. Chevalier disait déjà en 1843 dans son cours d'é-
conomie politique. (Chez nous, il n'y a que l'usure agri-

cole. Par l'ensemble de leur organisation et à cause de
la brièveté des délais qu'elles accordent, les institutions
de crédit les plus répandues aujourd'hui sont impropres
à assister l'agriculture dont les opérations sont de longue haleine — la propriété territoriale, qui semble être
le meilleur et le plus assuré des gages, est au contraire un gage contesté qui excite la méfiance. . . . . . . cette
situation de l'agriculture est une des causes qui retar-
dent le plus dans notre patrie la progression de la richesse publique.)

Partout se rencontrent des preuves flagrantes d'inégalité devant les lois financières. — « Le système appliqué a été d'imposer dans des conditions immenses la
propriété foncière, et d'alléger les valeurs mobilières
dont quelques-unes sont complètement exemptes d'impôts et d'autres ne paient qu'un droit insignifiant et
dérisoire. La conséquence de ce système a été, outre
l'encouragement à la création de ces valeurs, de sur-
charger jusqu'à l'épuisement la propriété immobillière
déjà si pauvre, et d'affranchir la grande propriété mobilière à grands revenus. . . . . pour les ventes, ces-
sions, etc. les opérations sur les valeurs mobilières faites à la Bourse au moyen du bordereau délivré par
l'agent de change sont soumises à un droit de timbre
de 50 centimes pour toute transaction de 10,000 francs
et au-dessous, et de 1 fr. 50 pour toutes les opérations
au-dessus. Qu'on compare ces chiffres aux frais qu'oc-
casionne toute aliénation d'immeubles, et l'on sera édi-
fié. . . . . La propriété immobilière est constituée de
façon à ne pouvoir faire une vente, un emprunt, une dé-
charge, un partage, aucun acte d'achat ou d'adminis-

tration, sans un cortège d'atermoiements, de formalités
et de dépenses. (1)

Et, quel abîme entre le crédit commercial et le crédit immobilier. — Un négociant qui possède pour
100,000 fr. de sucre, de café, de savon, ou autre marchandise, peut, au moyen d'un acte de nantissement qui
lui coûte 2 fr. 80, trouver un consignataire qui lui prê-
tera 60,000 fr. — Si un propriétaire d'un immeuble de
100,000 fr. veut emprunter la même somme, il aura
à payer plus do 1,350 fr. sans compter les frais acces-
soires occasionnés par des exigences légales, telles que
la constatation de l'origine de la propriété ou autres,
frais qui accroissent considérablement ce chiffre. —
Ainsi, avec un gage plus certain, moins périssable que
le sucre, le café, le savon, on doit payer plus de 1,350 fr.
au lieu de 2 fr. 80. D'où peut provenir cette différence ?
Est-ce qu'elle doit exister avec nos institutions démo-
cratiques. L'égalité est la base de nos lois : n'est-il pas
par suite non-seulement injuste, mais absurde de rendre impossible ou ruineux le nantissement de la terre.

Bien plus, le propriétaire foncier n'emprunte que
difficilement, parce que le capitaliste ne peut que difficilement apprécier la valeur du gage qui lui est offert ,
qu'il est forcé de s'adresser à un intermédiaire qui n'est
pas mieux renseigné que lui, qu'il n'ose affronter les
obscurs dangers de l'hypothèque, et qu'il ne veut pas
s'engager dans le long chemin de l'expropriation. — Tout
est péril pour le préteur et l'emprunteur : le système
actuel n'est favorable qu'au fisc et aux hommes d'affai-

---

(1) Octroi, par Romuald Dejernon.

res dont la fortune s'édifie sur la ruine des travailleurs. — Le capitaliste trouve plus de revenu, plus de quiétude dans le placement de commandite par actions ; là il a toujours sous la main la représentation de ses fonds : il peut en disposer selon sa convenance : il a des chances de bénéfice dues aux variations des valeurs. Aussi, ne veut-il plus prêter sur hypothèque et immobiliser ses capitaux. — Le régime hypothécaire a été bien défini en 1840 par M. Dupin, s'adressant à la cour de cassation. (En France, lorsqu'on achète, on n'est jamais sûr de devenir propriétaire : lorsque l'on prête sur hypothèque, on n'est jamais sûr d'être remboursé.)

Des mesures radicales doivent être appliquées qui modifient profondément les institutions actuelles. Il ne faut plus que la propriété soit soumise à des restrictions qui en paralysent et confinent étroitement l'exercice.

On a pensé à la réforme du système hypothécaire : certes, jamais réforme n'a été mieux justifiée : elle ne peut plus, elle ne doit plus se faire attendre : mais elle sera sans influence sur la position précaire de la propriété.

Quelques chiffres officiels viennent certifier la lourdeur de la dette immobilière ; — le montant des Créances hypothécaires inscrites était au 1er Juillet 1820 de..... 8,863,894,965.
Au premier Juillet 1832......... 11,233,265,778.
Au premier Juillet 1840........ 12,544,098,600.
Depuis cette époque on ne trouve plus de documents officiels : mais l'administration elle-même a déclaré que la dette s'était proportionnellement accrue chaque an-

née. Supposons qu'elle ne soit en 1871 que de 16 milliards, et voyons les charges de la propriété immobilière : — celle-ci supporte l'impôt foncier, les droits de succession, les prestations, les contributions directes, les contributions indirectes, plus l'intérêt de la dette hypothécaire de 16 milliards à 8 0/0 tous frais compris, soit 1 milliard, 280 millions.

Devant ces charges, la réforme du système hypothécaire ne peut suffire pour permettre à la propriété immobilière de s'exonérer de la dette qui l'écrase, et pour lui donner la faculté d'emprunter à longue échéance et à un prix modéré les capitaux indispensables à son développement. — Comment, en effet, ne pas s'appercevoir que la réforme hypothécaire, pour radicale qu'elle soit, ne doit pas éteindre la dette inscrite, et qu'elle ne pourra détruire l'antagonisme qui existe entre le prêteur qui a besoin de recouvrer son capital dans un temps peu éloigné, et l'emprunteur qui ne peut réclamer de son travail journalier un remboursement intégral à courte échéance, puisque les conditions mêmes de ce travail s'opposent à une solution rapide.— Persister dans le système du passé, c'est vouloir provoquer dans toute la France ce qui s'est déjà produit dans quelques communes du pays basque. Là, les maisons comme les terres sont abandonnées, et les anciens exploitants ont été demander une existence moins précaire à la domesticité ou à l'émigration. — En 1848, Léon Faucher disait à l'assemblée constituante. (Cette situation déplorable ne peut pas se prolonger : il est temps d'arriver à une liquidation, à un dégrèvement : Si vous n'en donnez pas les moyens, si vous ne procurez pas à l'agriculture des capitaux à un prix modéré, la propriété foncière marchera infailliblement à la banqueroute).

Le mal est devenu si grand, qu'en dehors du crédit immobilier, on n'a plus qu'un moyen de liquider la propriété rurale, c'est de l'exproprier! or, si l'on en vient là, les conséquences doivent en être fatalement funestes pour la France et l'intérêt général.—l'expropriation chassera le propriétaire cultivant lui-même: son bien ne se vendra que pour couvrir l'hypothèque du capitaliste, et dans les mains de ce dernier, il dépérira promptement. — Plus de fécondation du sol par le travail, plus de culture intensive, plus de certitude d'alimentation. Et Comment maintenir et calmer tous ces petits propriétaires dépossédés. — Enfin, l'expropriation enlevant la terre à celui qui la travaille et la jettant entre les mains des financiers, reconstitue la grande propriété que 89 a eu pour but de détruire.

On est forcé de reconnaîtreque l'industrie agricole ne peut s'affranchir et progresser qu'en trouvant chez elle-même les ressources du crédit, et en sortant ainsi du cercle périlleux dans lequel l'enserrent les liens de l'hypothèque. — Il faut donc que le crédit aille à cette source de toute civilisation, de toute richesse, de tout ordre, la propriété. Par le refus du crédit à l'immeuble, on tue l'agriculture française, cet édifice qui a la terre pour sommet et pour base le travailleur.

On dit que tout agriculteur qui emprunte, se ruine: et que le crédit est la mort de l'agriculture. On dit que sur les 16 milliards qui grèvent la propriété, pas la 10me partie n'a été empruntée pour réparations ou progrès. — l'agriculture se ruine donc là où les autres industries prospèrent : ce qui établit que le crédit foncier n'est pas constitué selon les besoins et les intérêts agricoles. Loin de lui être nuisibles, les capitaux sont favorables à la production, parce qu'ils en élèvent la quotité : et, que, devant cette élévation, ils permettent d'augmenter les salaires et de satisfaire au paiement d'un juste intérêt dû au service rendu. — Ils aident ainsi à l'accroissement de la richesse publique..

La terre est une débitrice qui paie à très-long terme le loyer de l'argent qui lui est confié. Les capitaux employés à l'amélioration du sol ne peuvent reparaître qu'au bout d'un grand nombre d'années, et cela par une augmentation successive des produits. Aussi, le crédit accordé à l'immeuble ne peut être le crédit accordé au commerce ou à l'industrie, parce que l'agriculture est dominée par des circonstances, par des faits qui lui sont propres. De même que le commerce, elle peut payer l'intérêt de l'argent : mais comme lui, elle ne peut faire revivre le capital plusieurs fois dans une année ; elle immobilise ce qu'elle emploie, et elle ne peut qu'amortir annuellement sa dette par le bénéfice faible mais constant de ses productions. Ce qui paralyse l'emprunt de la part du propriétaire foncier, ce n'est pas un légitime intérêt à payer : c'est le capital à rembourser dans un court délai. Ce qu'il faut donc, c'est par le crédit faciliter à la terre des emprunts à long terme, remboursables par annuités au moyen de l'amortissement.

Par l'application de ce principe, pas de nature de sol qui ne puisse être rendu à la culture. — Il y a des

terres, comme celles des landes, qui sont sous la main
du producteur, un instrument passif. C'est du dehors
qu'il faut leur apporter l'élément vital qui doit les ani-
mer; qu'on leur donne travail et engrais, et ces terres
vont rentrer dans la voie de leur destination, la ferti-
lité. Comment, avec l'inextricable dédale de droits privilégiés dans lequel nous nous agitons stérilement, arriver à ce résultat, qui est la richesse, le bien-être re-
latif pour tous ? — Ce qu'il faut aux landes pour les
féconder, c'est le travail, l'argent, le temps, beaucoup
temps. En vain les gouvernements useront-ils, pour
atteindre le but, des immenses ressources dont ils dis-
posent, ils ne pourront réussir, s'ils ne s'adressent aux
forces sollicitées par le capital, et au temps, à cette
sage lenteur que mettent à se transformer les choses
de la nature.

Par le crédit tel que nous le demandons, le double résultat obtenu sera : 1° — l'augmentation de la production. — Car l'abondance du capital aura pour conséquence
l'activité du travail et par suite la production; car le capital aura intérêt à rechercher le travail, à s'allier à lui,
de façon à considérablement produire par l'association de
ces deux forces. — 2° le retour des bras dans les champs.

IV.

Avec le crédit l'agriculture peut calmer les dangers de l'heure présente et décupler la fortune publique.

Le déplacement des populations des campagnes pour aller se jeter dans les villes a trouvé son origine sous Colbert et sous Louis XIV, et est dû à l'encouragement donné à l'industrie. Depuis Colbert, celle-ci ayant toujours grandi, la dépopulation s'est progressivement accrue : elle a pris à notre époque des proportions alarmantes pour la sécurité publique comme pour l'heureux équilibre des subsistances. Un seul fait lutte encore avec succès contre cette tendance : c'est l'énergique sentiment de propriété de la terre qui anime les paysans : sentiment prouvé jusqu'à la passion, qui les empêche de quitter leur sillon, qui les pousse même, devant cet abandon du sol par les bras et le capital, à le conquérir, à s'y agrandir par des merveilles de travail et d'économie. Mais le moment est proche où cette passion s'amoindrira; elle ne pourra plus arrêter, pour l'immobiliser, l'élan naturel de l'humanité vers le progrès. C'est là une force qui agit invinciblement, et qui tend à briser tout ce qui veut l'arrêter.

Devant les résultats sociaux de nos institutions, les intelligences se rendent dans les villes et abandonnent les campagnes. Les fortunes, jadis immobilisées dans les champs se mobilisent pour se transformer en valeurs qui soient exonérées de l'impôt. Les capitaux vont dans les cités : et l'ouvrier est forcé de quitter les champs pour subvenir à sa vie. Il lui faut suivre l'intelligence qui veut s'appliquer, les fonds qui veulent s'utiliser. — Les relevés officiels constatent que de 1851 à 1856, la population rurale à diminué de 2,928,800 âmes : et pendant la même période, la population industrielle et commerciale s'est accrue de 2,918,696 âmes. — Enfin, le paysan, commençant à comprendre les charges dont est grevée la terre, et le degré d'infériorité dans lequel il est maintenu, aspire aux avantages des villes ; il veut en jouir comme les autres, et prend le chemin qui y conduit.

La dépopulation des campagnes est un fait : par lui, le présent et l'avenir se présentent sous de sombres couleurs : la confiance est partout ébranlée : les forces arrachées à l'agriculture se traduisent déjà dans les villes en crises financières et en collisions sanglantes : demain paraît douteux... Il s'agit, non de lutter contre cet abandon des champs par d'amères et de retrospectives récriminations, mais bien de chercher dans une énergique mesure à ramener l'excédant des populations urbaines dans la vie rurale : là le travail ne peut manquer : le chaumage ne peut se produire.— Si l'agglomération des hommes dans les villes est un danger social, si cette agglomération est produite par l'augmentation des salaires qu'on y trouve et par la somme plus grande de bien-être qu'on espère y rencontrer, un seul moyen existe d'arriver à une meilleure et plus utile répartition des habitants sur la surface de la patrie; et ce moyen, c'est le crédit immobilier.

Telle est la voie dans laquelle il faut entrer résolument : — L'agriculture ne peut admettre de courtes échéances : car les emprunts, dans ces circonstances, au lieu d'être des sources de fortune, deviendraient pour elle des causes de ruine: —qu'on lui accorde de longues échéances. L'agriculture ne doit pas non plus emprunter des sommes supérieures à son capital immobilier ; ce serait la convier à des spéculations, lui faire courir des aventures qui pourraient lui devenir funestes : — Qu'on mette à sa disposition la moitié au moins de son capital. — Ainsi, longues échéances, et moitié disponible de son capital. — Ce que demande l'agriculture, c'est ce qu'exige toute industrie humaine, l'argent qui appellera les bras. L'Amérique avait créé son agriculture industrielle sur les nègres : il faut que l'agriculture française s'appuie sur des hommes intelligents et libres, qui auront le capital pour la féconder.

On conseille le défrichement des terres vagues, la mise en culture des communaux, le dessèchement des marais, l'assainissement des terrains submergés, l'établissement des canaux d'irrigation ; et l'on oublie que, pour entreprendre ces gigantesques travaux, il faut le crédit, qu'il a été refusé à la terre , qu'il n'y a qu'un moyen de l'établir : — Créer pour les propriétaires et les communes le capital d'exploitation sur le fond même et à des conditions convenables.

De même que la lumière et la chaleur, le crédit fait partout circuler le mouvement, l'activité, la vie. En dehors du crédit, l'agriculture est impuissante à soutenir la concurrence des produits étrangers: avec le crédit, le cultivateur pourra répondre aux besoins toujours croissants des villes, des armées, du commerce, de l'industrie; il créera les subsistances de tous, et fournira

toutes les matières premières. Comme l'agriculture du
Nord, de l'Angleterre, de la Belgique, celle de la France
entière deviendra industrielle, mais à des titres divers
de production, de climat, d'habitudes.

Jusqu'à ce jour on s'est occupé de la production de la
richesse. Le problème a grandi. Il faut aussi penser à
son équitable répartition. Il n'y a pas là une thèse com-
muniste. Il y a une néccéssité sociale à satisfaire. — Il
faut rechercher si le salaire du travailleur est en rapport avec ses efforts et avec ce qu'il produit, s'il est
distribué équitablement. — C'est plus qu'une nécessité
sociale, c'est de la justice.

L'émigration des capitaux des campagnes a été aussi
régulière et sur une aussi grande échelle que celle des
ouvriers. Devant cet argent qui se rendait au premier
appel et qui désséchait, en se retirant, les sources de
la richesse publique, des spéculateurs financiers ont constitué des sociétés pour l'exploitation des usines, des
mines, etc., par les mêmes procédés, se sont créés des
magasins de toute sorte, établissements de nouveautés,
maisons pour la confection et la vente des vêtements,
de la chaussure, de l'ameublement. Il en a été de même dans les grands centres pour les voitures publiques
et autres entreprises. — Le tout a été fait par les financiers seuls, et pour la plus grande production de
leur capitaux. L'argent a ainsi tout absorbé. La spéculation a monopolisé le commerce et l'industrie, et
ce mouvement s'est opéré en face et en dehors du
travailleur et du producteur, de l'ouvrier des villes
et de l'ouvrier des campagnes. Que cela continue
encore quelques années, et le prolétaire ne pourra

plus sortir du cercle dans lequel il sera fatalement renfermé: Sous la direction toute puissante de ces compagnies dont il devra subir les lois, il pourra bien changer de maître ; il ne pourra changer de condition. Là est l'un des dangers qui menace notre société ; devant lui, on ne saurait dire assez haut, que la solution des questions économiques et sociales qui agite notre époque est entière dans la solution de la question agricole. — équilibre de la production et de la consommation, organisation possible et applicable du travail: problèmes terribles qui auraient été résolus, si, par une étude sérieuse, on s'était d'abord adressé à la base de toute richesse économique en France, à la production agricole. Que d'élucubrations ou d'émissions de systèmes auraient été épargnés, que de craintes se seraient évanouies, si l'on avait compris que c'est à l'union du crédit et de la propriété foncière qu'appartient la mission de mettre la France à l'abri des discordes civiles et de décupler la puissance nationale ; si l'on avait établi la mobilisation de l'immeuble. Car, dans les vastes ateliers de l'agriculture, il y a place pour tous. Avec le crédit immobilier, les embarras actuels auraient disparu. — Devant les améliorations que l'emprunt aurait réalisées pour nos campagnes, les salaires se seraient élevés proportionnellement aux produits, et l'on aurait retenu par ce puissant moyen les bras qui tous courent vers la ville, c'est-à-dire vers des salaires plus rémunérateurs.

Par le crédit immobilier, on arriverait aussi à une meilleure dispensation de la population. — Dans un pays comme la France, où l'espace est si limité, et où l'activité et l'intelligence cherchent partout à se faire jour, il ne faudrait pas qu'il y eut, commé dans le Nord, 220 habitants par kilomètre carré, tandisque dans d'autres départements, dans l'Indre par exemple, il n'y en a que 40. Les bras qui s'affament dans le Nord, par la concurrence et faute d'utilisation, se transporteraient dans les dèpartements qui chaument faute de travail. Au lieu de produire de 800 à 1,000 fr, de valeurs que livre un ouvrier français, ce dernier produirait comme l'Anglais, 2,700 fr, ou, comme l'Écossais, 3,400 fr. il dépasserait même ce dernier chiffre ; car il n'aurait pas à vaincre les obstacles que la nature des sols et des climats a opposé à l'Ecossais. Il se trouve_rait en face d'une terre féconde, fertilisée par un climat doux et généreux. — Que l'instruction et le crédit parviennent aux masses agricoles, et la société n'a plus rien à craindre ; car elle s'appuira sur les intérêts satisfaits, sur des institutions dont chacun apprèciera les bienfaits. — Où trouver en effet un plus énergique défenseur de l'ordre social que la constitution si démocratique de la propriété rurale qui se repartit entre plus de 15 millions de cotes foncières. — Nous croyons fermement que l'agriculture éclairée par la science et s'appuyant sur le crédit, est la meilleure digue à opposer au torrent menaçant.

Si l'on observe les progrès réalisés en France depuis un siècle, on voit que ceux obtenus dans les arts industriels et les manufactures sont dus à l'instruction professionnelle et surtout au crédit. — Depuis cette époque règne le capital. Celui-ci, s'inspirant des succès de son passé, fait les institutions et les lois à sa convenance;

et, comme il a grandi par l'industrie et le commerce, il n'a garde de les oublier: il les met an premier rang. C'est ainsi que l'aristocratie financière se substitue à l'aristocratie territoriale. — Aujourd'hui il s'agit de trouver la formule précise par laquelle la terre, le capital et le travail, s'harmonisant et se liguant au lieu de se faire la guerre, créeront la richesse et par suite un niveau plus élevé pour l'humanité.

Le capital sans travail n'est rien: il en est de même du travail sans capital: — ce sont là deux forces qu'on ne peut disjoindre, qui se nécessitent l'une l'autre, et qui, réunies, engendrent toute production.— Les outils, les engins, les machines qui aident à l'application des méthodes perfectionnées, les engrais, les amendements, les appareils qui captivent les forces de la nature, le vent sur l'aile du moulin, la chute d'eau sur la roue hydrolique, la locomobile à battre sur l'aire, les canaux assainissant les terres spongieuses et faisant servir les eaux à l'irrigation... Tout cela, c'est le capital. L'instruction elle-même, c'est le capital. Il faut le former et l'agrandir; puis l'associer au travail. On doit rechercher pour le capital et le travail le point où ils pourront se rencontrer, mélanger leur action, au grand profit deux-mêmes et de la société: ces deux forces rapprochées, leur offre et leur demande simultanées s'équilibreront, et les produits se trouveront alors répartis dans une proportion équitable et vraie. Là est la seule condition du succès: en dehors de cette voie, il n'y a, il ne peut y avoir que détresse et misère.

L'agriculture offre à la France d'immenses éléments de prospérité que les législations antérieures ont laissé

dans une mortelle inertie; faute de crédit, la terre a
été condamnée à rester presque improductive.

D'après les statistiques les plus autorisées, l'agriculture créerait 18 milliards : etnotre pays qui devrait
être à la tête du monde par les riches productions de
son sol, par le génie de ses habitants, par le commerce
qu'il peut faire avec l'univers, compte encore sept millions d'hectares ou 70.000 kilomètres carrés, c'est-à-
dire plus de la 7me partie de son territoire en terrains
absolument stériles. — Tout ajournement devient un
mal et un danger pour la nation entière : il détruit l'équi_
libre de la production, et prépare sinon la disette, du
moins la cherté des subsistances pour un avenir très-
rapproché.

Au grand détriment de la fortune publique, l'agriculture est loin de donner tout ce qu'elle pourrait produire: aussi, est-ce vers elle qu'il faut faire affluer les capitaux et les intelligences. Mais pour atteindre le but, un
système et un plan sont indispensables : — Cette nécessité d'unité et de persévérance est établie par l'exemple de l'Angleterre. Sa politique est depuis longtemps
dirigée vers un seul résultat, supériorité commerciale
et manufacturière : quels que soient les partis au pouvoir, ils visent au même but. — La France devrait
poursuivre le développement de son industrie agricole, et
cela au moyen d'un plan arrêté d'avance, et qu'on
n'abandonnerait jamais, quelles que fussent d'ailleurs les
réformes politiques : C'est par cette unité seule que
nous rendrons la nation puissante. — Dans l'industrie
manufacturière nous lutterons en vain avec l'Angleterre :
Elle doit fatalement produire à meilleur marché que

nous : et malgré nos progrés des dernières années, nous lui serons toujours inférieurs. Notre agriculture, au contraire, aidée par le crédit, ne doit pas trouver de rivales. Non-seulement elle encombrera la France de ses produits : mais encore elle fera la fortune de la patrie en expédiant ses denrées aux autres peuples qui nous ouvriront leurs ports et leurs marchés. — La différence qui distingue l'agriculture du passé de celle de l'avenir, c'est que la première pouvait vivre avec baucoup de terres et peu de capitaux, tandis que la seconde ne peut prospérer qu'en s'appuyant sur eux ; tandis que la seconde doit se faire industrielle pour suffire aux exigences de production que les débouchés sollicitent de toutes parts.

Chez les autres peuples s'accentue chaque jour une marche plus rapide du mouvement agricole, tandis que chez nous s'affirme de plus en plus l'esprit de routine. — Grâce à la perfection de leurs procédés culturaux, grâce au bas prix de la main d'œuvre, ces nations s'avancent vers une supériorité incontestable, et menacent de nous chasser de tous les marchés du monde : devant l'infériorité de leur sol et de leur climat, elles se sont adressées au crédit : tout le Nord de l'Europe, la Suisse, fournissent à l'agriculture les capitaux à 2 et 3 o/o : la culture Anglaise ne supporte pas d'impôt foncier ; et la république des États-Unis, 7 fois plus grande que la France, à une prospérité dix fois plus rapide que celle-ci, parce qu'elle a affranchi de toutes taxes les propriétés agricoles. Aussi l'hectare de terre en rapport moyen qui donne en Angleterre 152 fr, en Allemagne 130, en Belgique 120, ne donne en France que 68 fr.

Aujourd'hui un domaine doit produire selon la quantité des avances en engrais, en plantations, en travaux,
en manipulations de toute sorte: ces avances ne peuvent
êt.e faites qu'avec le crédit.— Avec le crédit aussi, la
science attirée dans la campagne par des avantages
solides étudiera la composition du sol pour en corriger les
défauts; des canaux seront creusés pour le transport et le mélange des terres et des amendements: ces
canaux résoudront le problème de l'assainissement et des
irrigations. Les diverses parties de la France agricole
seront reliées entr'elles par des voies ferrées, des routes,
des chemins vicinaux, qui, offrant des débouchés aux
produits, et facilitant dans les champs l'introduction
des matières fécondantes, permettront des échanges
continuels entre les villes et les campagnes, serviront
les intérêts des unes et des autres, et établiront entre
propriétaires et ouvriers, entre citadins et paysans,
ce lien de solidarité qui doit cimenter la puissance de
la nation.

V.

Les lois financières du passé ne peuvent régir la France d'aujourd'hui, — le crédit. — Système à appliquer.

Il n'y a rien de plus frappant pour l'esprit observateur
que les efforts faits dans l'ordre économique et social pour
en altérer et modifier le développement naturel. Des

règlements absolus, des opinions toutes faites sont présentés comme le dernier mot de la sagesse humaine: et en mettre la vérité en doute, paraît le bouleversement de tout ordre. Nous assistons à l'extension continue des conquètes du travail et de la science: et cependant nous voulons en régler la marche d'après les conceptions invariables du passé.

Tout le monde sait aujourd'hui que la force qui pousse en avant les peuples, qui tend à mettre à leur disposition toutes les découvertes, toutes les victoires scientifiques sur la nature, est invincible : — progrès, c'est évolution.— Vouloir arrêter l'humanité dans son évolution vers le progrès, c'est vouloir empêcher l'enfant de grandir, le chêne de se développer, la rose de fleurir : c'est porter une atteinte à l'espèce humaine: c'est par la compression vouloir la mutiler et la tuer: tout le monde sait aussi que pour tout progrès le capital est nécessaire; et que plus le capital est fort, plus le progrès est grand.

La France qui, malgré ses malheurs, est marquée au front pour marcher à la tête de la civilisation du monde et qui s'est un peu attardée dans sa route, doit gagner par un bond l'espace perdu jusqu'à ce jour : s'appuyant sur son merveilleux esprit pratique, elle doit procéder énergiquement et affirmer le progrès chez tous, en l'établissant chez elle. — Mais pour cela, il ne faut pas que, sous le prétexte d'ordre et de droits financiers, la République oublie qu'elle a pour mission de soulever les questions qui intéressent les bases mêmes de la Société : il faut qu'elle aille ouvertement au cœur des problèmes, et qu'elle n'essaie pas de les détourner, en se dérobant sous des formes monarchiques. Ce qu'il faut donc, c'est recourir à une mesure radicale qui seule pourra donner à la France cette élévation qu'il est dans ses destinées futures d'atteindre.

L'état ne s'est encore adressé qu'à deux seules ressources : — L'emprunt. — L'impôt. — Pourquoi ne deviendrait-il pas prêteur ? Pourquoi ne s'affranchirait-il pas ainsi des lourdes étreintes du capital et du capitaliste? Quel est le caractère, quelles sont les conséquences de l'emprunt et de l'impôt. (L'emprunt, dit le rapporteur de 48, fait de la fortune publique la proie de quelques capitalistes : il dévore le capital, l'enlève au travail et le livre au jeu. — On est unanime à dire que l'action de l'emprunt n'est pas seulement une action stérile, mais une action destructive, et que sa conséquence est toujours la création de l'impôt..... et l'impôt ! — Il écrase la propriété, il paralyse l'industrie et la consommation) l'impôt ! mais on lui a demandé tout ce qu'on pouvait en attendre. Est-ce qu'on peut oublier les malheurs qui ont frappé le commerce, l'industrie, l'agriculture depuis le commencement de la guerre, la dépréciation des valeurs mobilières et immobilières, enfin les sacrifices que la détresse publique a imposés à toutes les classes de la société ?

Et cependant, chaque jour il faut de nouveaux emprunts : chaque jour il faut de nouveaux impôts. On marche ainsi de monarchie en République, et de République en empire, sans voir l'abîme énorme grandir chaque jour, sans songer qu'il est prêt à engloutir la France avec la civilisation. — Il faut enfin s'arrêter à un système qui ne soit ni un expédient, ni un moyen; qui neutralise la crise menaçante en ranimant le travail, l'indus-

trie agricole comme l'industrie manufacturière; qui nous
aide à franchir doucement et sans secousses les moments pleins de dangers et de troubles que nous traversons; qui établisse pour l'avenir la confiance sur
une base solide et morale; et qui, pendant ce temps-là,
diminue les impôts, liquide la dette publique, accroisse
d'une façon notable la fortune de la nation. — Aujour-
d'hui il ne peut exister en France qu'une pensée, qu'un
désir, qu'un besoin : Assurer l'avenir sur des bases justes
et honnêtes. L'instrument de salut est, à nos yeux, dans
le crédit immobilier qui, s'appuyant sur l'égalité, peut
seul réparer, pacifier, et consoler.

Et d'abord, le crédit est l'indispensable agent du travail, le secours le plus énergique qu'on puisse donner à
l'industrie et à l'agriculture dans la détresse, l'instrument le plus rapide et le plus certain de la fortune publique : — Il vivifie la production et décuple sa puissance. Seul, il peut raviver la source qui nous rendra
toutes nos forces. Le crédit est à la propriété ce qu'est
le sang à l'homme : il est la circulation : il est la vie.
Il participe de la valeur créatrice de l'esprit humain,
lorsqu'il fournit au travailleur le moyen de mettre en
œuvre toutes ses facultés. Alors il s'élève à la hauteur
d'une fonction civilisatrice et sociale. Par le crédit,
pas un intérêt qui ne soit défendu, pas un progrès qu'on
puisse étouffer ou méconnaître ; par lui, les plus utiles
inventions, les découvertes le plus efficaces, loin de
s'éteindre dans le domaine des théories, deviennent sur
le terrain de l'application des instruments de bien-être
et de prospérité : par lui enfin l'activité nationale,
stimulée par les besoins toujours croissants, centuple

les ressources : il fait la richesse et la grandeur de la société, comme il fait la richesse et la grandeur de l'état.

Le système du passé est jugé par ses œuvres : il faut asseoir le crédit sur de nouvelles bases. Il était jusqu'à présent une sorte de prime imposée à l'homme de travail en faveur de la médiocrité, de la paresse et des vices qui s'étalaient au haut de l'échelle sociale. Aujourd'hui il doit attirer à lui et retenir toutes les forces pour les accroître et les mieux utiliser. La conscience humaine plus puissante que les lois et les préjugés, ne veut plus que les fortunes, les luxes, les budgets ne soient que des prélèvements sur le travail.

Dans cette grande question de crédit, il faut toujours se mettre en face de quatre intérêts qui tous quatre doivent être ménagés : l'intérêt du créancier, l'intérêt du débiteur, l'intérêt des tiers, l'intérêt de l'état. — Nous pensons que le projet que nous présentons, non comme un système absolu et inattaquable, mais comme un essai qui a besoin d'être fécondé par le concours de tous, respecte ces quatre intérêts. Il nous parait simple et clair, se défend contre les chances de baisse, et va chercher la fortune là où elle est réellement : Il ne peut que blesser les intermédiaires, les joueurs de bourse : mais il sert éminemment l'intérêt public.

Ce qu'il y a à créer, c'est une banque hypothécaire qui fonde en France le crédit territorial : C'est là le seul moyen de mobiliser les immeubles par les billets de cette banque, et d'immobiliser le crédit par l'hypothèque. Cette institution serait populaire, natio-

nale, patriotique, et avant tout consacrerait les principes d'égalité et de justice qui sont la sauvegarde de
toute société.

Cette banque entre les mains de l'état et avec l'aide de la chambre des représentants émettrait des billets garantis par les immeubles. Ces billets auraient
cours forcé, et ils inspireraient une confiance supérieure à celle accordée aux billets de banque, puisqu'ils auraient pour gage les valeurs les plus réelles.
L'intérêt de la somme remise en billets aux propriétaires d'immeubles serait de 3 1[2 p. 0[0. — Cet intérêt
serait perçu par l'Etat. Sur la somme perçue se prélè-
veraient les frais d'administration. Le débiteur serait
libéré au bout de 40 ans. Pour éviter l'encombrement
de ce papier et lui obtenir la plus grande confiance,
on n'émettrait des billets que pour la moitié seulement
de la valeur des terres affectées à la garantie: Ainsi,
sur un immeuble de 30,000 fr. il ne pourrait être émis
des billets que pour 15,000 fr. Ce principe s'applique-
rait également aux maisons, aux établissements industriels, aux immeubles urbains comme aux immeubles
ruraux. Une administration d'assurances jointe à la
banque opèrerait de concert avec elle, garantirait la
valeur des immeubles engagés, et paralyserait ainsi par
son jeu les causes de destruction qui peuvent agir sur
eux avec le temps. Suppression des droits d'enregistre-
ment, timbres et autres. Faculté pour l'emprunteur de
se libérer à volonté soit en un seul paiement, soit par
fractions d'au moins un vingtième de la somme prêtée.
L'évaluation du gage serait faite dans le cas de désac-
cord par un jury indépendant, composé dans le lieu

même où se trouve l'immeuble qui emprunte. La publication régulière de la situation des billets hypothécaires, ainsi que le contrôle de la cour des comptes, seraient des garanties qui viendraient se joindre à celles déjà existantes.

Le but de l'institution serait le prêt remboursable par annuités à long terme. Le moyen, l'émission de billets garantis par hypothèque, produisant intérêt en faveur de l'état et ayant cours forcé. — Ces billets qui ne seraient en quelque sorte que l'émanation de la propriété foncière, une partie de cette propriété mobilisée et circulante, seraient recherchés partout et par tous, puisqu'ils auraient pour garantie le double de leur valeur nominative en biens qui ne peuvent disparaître : car ils seraient ou impérissables de leur nature comme la terre, ou sauvegardés par une assurance qui empêcherait toute dépréciation de valeur. Ils parviendraient à opérer la conversion et la liquidation de la dette hypothécaire, à éteindre avec le temps la dette publique, à ranimer et vivifier le travail, à lancer enfin l'agriculture et l'industrie dans une voie d'immence progrès. Ils fourniraient à l'immeuble les capitaux aux conditions qui conviennent merveilleusement à la nature de ses produits.

Cette institution nécessiterait un grand établissement central ayant son siège à Paris avec des succursales ou des directions dans les diverses zônes de la France. L'administration recevrait les demandes d'emprunt qui lui seraient adressées, vérifierait la valeur des biens offerts en garantie, délivrerait les billets hypothécaires et toucherait les annuités. L'annuité pourrait aussi être payée comme l'impôt et par le même procédé. — Chaque année l'administration détruirait la quarantième partie des billets émis, de façon à conserver toujours à ceux qui seraient en circulation une garantie double de leur valeur nominative : elle agirait de même pour tous remboursements anticipés.

Ce système ne blesse en rien ni les principes généraux de notre droit, ni l'esprit de nos institutions, ni surtout la situation économique de la France; et il procure a l''état et aux propriétaires fonciers les ressources dont ils ont l'un et les autres le plus pressant besoin. Il fournit le seul moyen de donner au capital immobilier une circulation facile qui lui permettra de s'introduire partout comme aliment du travail, et de servir à une nouvelle production. — On n'augmente pas ainsi les capitaux, mais on augmente leur force productive, en leur accordant la faculté de se mouvoir facilement. — De plus, le crédit public ne devant reposer que sur des garanties réelles et ayant par suite des limites étroites qu'on ne peut franchir sans danger, ce n'est pas le gouvernement qui, rompant tout frein, pourra créer arbitrairement les valeurs qui lui seraient nécessaires. Il lui sera impossible de jeter dans la circulation des titres sans garantie, puisque ces titres serontdes billets librement et volontairement consentis par lui et par le propriétaire, et qui seront émis sous la foi de l'honneur français, avec une garantie double de leur taux d'émission ; puisque cette banque n'aura pour effet que de donner un cours public, un passe-port à des valeurs qui ne peuvent circuler, et de commanditer avec des billets ceux qui n'ont que des immeubles.

Sans doute, le projet que nous présentons doit produire une révolution dans nos habitudes financières. Le préjugé, ce sot qui gouverne le monde, comme l'a dit La Bruyère, va se récrier, et soulever des difficultés en apparence insurmontables. — Cela doit être, parceune idée nouvelle ne peut passer à l'état de fait ou d'institution qu'en blessant une idée ancienne qu'elle tend à modifier ou à remplacer: et que son introduction a pour effet d'opérer un changement dans l'économie politique et sociale, un froissement d'intérêts anciens, une création d'intérêts nouveaux : Elle ne s'implante pas tout d'un coup: comme la végétation et la vie, elle a besoin de temps pour achever son œuvre.

La question est nettement posée entre les producteurs qui ont intérêt à avoir à bas prix l'instrument du travail, et ceux qui vivent dans l'oisiveté qui ont un intérêt opposé, celui de ne pas voir s'affaiblir le chiffre de leurs revenus. — Sa solution est dans la mobilisation de l'immeuble : — de l'application du système proposé doit sortir un ordre où les situations et les fortunes se répartiront naturellement, et autrement fécond que l'ordre factice dû aux conceptions imparfaites, égoïstes, injustes et partiales des législateurs financiers.

VI.

Le billet hypothécaire n'est pas l'assignat. — Cours forcé.

Le fantôme des assignats a grandi avec les traditions exagérées du passé ; les intéressés l'évoquent à tout propos, et savent le dresser devant les imaginations craintives. — Les hommes de bourse et de finances vont se coaliser et rappeler les jours néfastes du papier monnaie. — On le comprend, les marchands d'argent, et les agioteurs ne peuvent aimer un système qui ne leur apporte ni escomptes ni primes : ils préfèrent le crédit, tel qu'il est organisé..... au profit de la banque et des capitalistes.

Loin de nous laisser effaroucher par les terreurs plus ou moins fondées qu'excitent chez nous les souvenirs de notre grande Révolution, citons ce qui fût dit par le rapporteur à ceux qui, à l'assemblée Constituante de 48, répondaient à la demande de la mobilisation de l'immeuble pour deux milliards, par un rapprochement avec les assignats.

» Nous repoussons comme une profonde et déplorable erreur toute similitude entre les assignats et les bons hypothécaires : les assignats n'avaient que la valeur incertaine résultant d'un gage général et politique ; ce gage, appelé biens nationaux, se composait d'abord, pour la plus grande partie, de biens ecclésiastiques : on se rappelle les clameurs des anciens propriétaires, effrayant l'opinion publique par la menace de représailles contre les acquéreurs de ces biens nationaux. —

Les bons hypothécaires ont une valeur positive, réelle, qui dérive d'une affectation spéciale et volontaire.

Le sort des assignats dépendait des chances de la guerre : une bataille perdue ramenait en France les anciens propriétaires, les remettait en possession de leurs biens, et, sous l'empire de cette terreur, l'opinion publique voyait déjà l'anéantissement du gage des assignats. — Ni la guerre, ni les commotions politiques ne sauraient avoir cette désastreuse influence sur les bons hypothécaires ; car leur institution a pour base la propriété privée, indestructible comme la société elle-même : l'estimation du gage des assignats était arbitraire, dépourvue de vérification et de contrôle ; l'estimation du gage des bons hypothécaires sera l'œuvre d'un jury composé des hommes les plus capables d'apprécier sa véritable valeur.

Enfin, on sait que l'émission des assignats a atteint sous le Directoire la somme qui semble fabuleuse de 45 milliards : aucun contrôle sérieux, aucun frein, ne préservait le pouvoir de la dangereuse faculté de battre monnaie au gré de ses désirs et de ses besoins. L'émission des bons hypothécaires serait soigneusement et rigoureusement limitée. Il faudrait, pour que le gouvernement fît une émission prohibée, que le propriétaire emprunteur, les citoyens qui composeraient le jury d'examen, les fonctionnaires du conseil supérieur, la cour des comptes et l'assemblée nationale elle-même fûssent complices avec lui de la violation du décret. »

A cette argumentation si simple, si évidente, il fut répondu par Léon Faucher que (le papier-monnaie, c'était la fausse monnaie), le mot fut applaudi. — Un

député de la droite égaya l'assemblée avec une plaisan-
terie sur la *nécessité de l'abondance* : — et tout fut dit:
Si nous mentionnons une dissertation établissant que *la
terre ne produit rien*, que le travail seul produit, et
la thèze que le *crédit est personnel* et *ne peut être
réel*.

En supposant fondées les critiques adressées au pa-
papier-monnaie, le billet hypothécaire serait l'opposé de
l'assignat, et ne tombe sous aucun des griefs dont on
accable ce dernier. — Le billet hypothécaire n'aura jamais le défaut tant reproché aux assignats, le caractère
politique, puisqu'on n'imposera pas malgré elle la propriété. — On dira à celui qui la détient : Si vous avez
besoin d'argent, soit pour l'amélioration, soit pour l'affranchissement de votre bien, on va étudier ce dernier
et vous donner jusqu'à concurrence de la moitié de sa
valeur intrinsèque, c'est-à-dire de la valeur qui ne peut
périr.— La guerre elle-même, la plus horrible et faite
en dehors du droit des gens, celle que nous venons de
subir, ne peut altérer en rien la valeur du gage des
billets hypothécaires. Ils se trouvent aussi à l'abri de
toutes les secousses qui sont des désastres sociaux,
parce qu'ils n'ont pas le caractére politique, qu'ils
reposent en entier sur un contrat synallagmatique inter-
venu entre un particulier et l'état, et volontairement
consenti par les deux.

Toute similitude écartée entre les billets hypothécaires et les assignats, il est à dire, pour rester fidè-
le à la vérité, que ces derniers ont sauvé la France de
la banqueroute en 1790. — L'expérience de l'Angleterre a démontré aussi que le papier-monnaie peut ser-

vir à la prospérité d'une grande nation : elle n'a pu soutenir la guerre contre l'Europe entière et contre la France qu'en empruntant 25 milliards, et en décrétant que les billets de la banque d'Angleterre auraient cours forcé et ne seraient pas remboursables. — Pendant 22 ans, la Grande-Bretagne a eu le papier-monnaie, et c'est à lui seul qu'elle doit de nous avoir vaincus.

Le cours forcé doit être donné aux billets hypothécaires afin que cette valeur puisse entrer dans les habitudes, dans la circulation. Il est nécessité aussi par l'exemple du passé comme par celui d'aujourd'hui : en 1848 et en 1871, on a donné cours forcé aux billets de banque qui cependant étaient connus et acceptés : on doit donc par application du même principe le donner à de nouveaux billets dont le mécanisme et l'avantage ne seront appréciés qu'avec le temps. Tout le monde sait que le billet de banque n'a plus aujourd'hui le caractère représentatif de sa garantie, de l'argent, du lingot qui est derrière lui : il ne doit sa force qu'au gouvernement qui l'impose, et qui aurait raison de l'imposer s'il avait une valeur intrinsèque. — On court ainsi à la mort de tout crédit, de toute confiance. — Le billet hypothécaire, au contraire, ayant cours forcé, n'expose à aucun de ces dangers, parce qu'il a pour gage en biens impérissables une valeur double de celle qu'il représente.

Le cours forcé est indispensable, ne fût-ce qu'à cause des doutes qui vont être jetés par les intéressés sur la valeur des titres. — Il ne faut pas exposer une institution qui doit sauver la France aux attaques des mauvaises passions et des hommes de parti. — Le billet hypothécaire émis sans cours forcé se comprendrait dans un temps calme, à une époque normale : mais aujourd'hui, en face des troubles qui nous menacent et des intérêts qui vont se coaliser, il faut le cours forcé pour détruire toutes les résistances. — Sans lui, qu'un capitaliste, qu'un partisan d'une dynastie tombée refuse le billet et donne du retentissement à son refus, qui donc parmi les citoyens si peu éclairés de la nation consentira à accepter ce que le capitaliste ou le personnage influent aura refusé. — Sans le cours forcé imposé par Pitt, l'Angleterre était perdue. Il est aussi légitimé par l'exemple des peuples voisins, de l'Angleterre, des États-Unis : il existe chez diverses nations de l'Europe pour les lettres de gage ou bons de circulation. — il doit donc être appliqué au billet hypothécaire qui sera surtout utile à l'agriculture, au commerce, à l'industrie dans les moments de crise ; — le billet hypothécaire avec cours forcé ne peut être un danger, parceque l'État n'aura aucun intérêt, ni aucun pouvoir d'en restreindre ou d'en étendre le mouvement et la circulation.

Pour donner à ces billets la confiance et la force des métaux monnoyés, il faudrait aussi que la loi s'armât contre toute falsification, et cela par des mesures législatives qui rendraient illusoire toute tentative de ce genre. — Le législateur aurait à protéger la banque hypothécaire avec tout le soin que mérite un établissement sur lequel repose la fortune publique et la fortune privée.

Aujourd'hui les emprunts ont démocratisé le papier : que chacun soit certain que la valeur réelle du billet mis en circulation est supérieure à sa valeur nominale, et le billet sera accepté plus facilement que l'espèce métallique: il deviendra la monnaie nationale et chassera le préjugé qui veut qu'une société ne peut exister sans or et sans argent.

En créant de nouvelles valeurs de circulation on soulève une concurrence aux billets privilégiés de la banque et au capital numéraire lui-même.

Mais, en face d'intérêts d'un ordre supérieur, de motifs impérieux d'utilité publique, la justice distributive entre toutes les sources de la fortune du pays nécessite un ordre financier nouveau. — Pourquoi avoir créé des chemins de fer, puisqu'ils ont fait une concurrence mortelle aux intérêts engagés sur les grandes routes et sur la navigation de l'intérieur.

VII.

L'argent et le billet hypothécaire — les agioteurs. — La bourse.

Où en est la fortune publique aujourd'hui? Les capitaux qui avaient déjà fui l'agriculture, se sont aussi éloignés du commerce et de l'industrie depuis la création des chemins de fer et les grandes entreprises financières, comme depuis le commencement des hostilités: le travail est partout suspendu: les actions industrielles qui ont réalisé de si gros bénéfices sont expirantes; — les immeubles sont surchargés d'impôts et frappés dans tous leurs produits: la rente qui était côtée à un taux élevé, a considérablement baissé: les riches maisons de banque ont disparu ou ne font presque pas d'affaires: — ce qui manque surtout, c'est le numéraire, instrument

actuel de tous les actes de la vie commerciale, industrielle ou agricole. — Sous l'influence de la terreur ins-
pirée par l'invasion, l'argent s'est caché, a fui, et par sa
fuite a arrêté le mouvement dans la machine sociale :
soit prudence ou spéculation, il a disparu de la circulation, pour s'en aller à l'étranger, à l'ennemi, ou
s'enfouir dans des coffres-forts. — Au moment où il
devrait se livrer à une fructueuse activité, il se con-
damne à un repos stérile : l'argent fait défaut au public,
précisément quand le public a le plus besoin de ses
services.

Dans les temps les plus prospères, il y a en France
5 milliards d'espèces monnoyées : à l'heure actuelle, il
n'y en a guère plus de 2, en circulation.

Pour la France tout est perdu, quand la monnaie se
cache ou disparaît.— On ignore généralement qu'elle ne
constitue pas la richesse d'un pays : qu'elle n'est que
la mesure de la valeur des produits. — C'est là cependant une incontestable vérité démontrée par tous les
économistes et par les faits. — La monnaie n'est pas
directement productive : elle n'a d'autre mission que de
faciliter l'échange des capitaux. Elle n'influe donc pas
sur la richesse. Le Portugal et l'Espagne sont incontesta-
blement les nations qui ont eu le plus de monnaie : et
ces pays étaient alors les plus pauvres. — La monnaie
a une valeur intrinsèque très-variable. L'or, par exemple en a eu jadis une très-forte, parce qu'il repré-
sentait, dans sa rareté, beaucoup de travail accumulé :
aujourd'hui cette valeur a baissé, parce que la quantité
de ce métal est considérablement accrue par la fécondité
des mines et par le peu de difficultés de l'exploitation.

Voici ce qui se disait sans opposition à la chambre des députés le 14 Avril 1847. — (Avant la découverte de l'Amérique, tout le numéraire existant alors en Europe pouvait s'évaluer à un milliard: depuis cette époque, il y a été successivement introduit la valeur énorme de 38 milliards qui ont été produits par le nouveau monde. — Eh! bien, aujourd'hui la récapitulation de tout le numéraire qui peut exister dans les divers états de l'Europe monte à peine à 8 milliards: ainsi donc, de toute la production métallique, à peine un cinquième existe aujourd'hui en numéraire, et les 4/5 ont été consommés, employés, perdus: trente milliards absorbés! cent millions par an.) — De 1848 à 1854, la production aurifère est de 4,815,000,000. — Chaque jour les journaux de Melbourne signalent les nombreuses découvertes des chercheurs d'or: et, depuis plus de 20 ans, l'Australie et la Californie inondent de leurs produits les marchés du monde et surtout de l'Angleterre. Est-ce que, comme valeur intrinsèque, l'or n'a pas baissé? — La pièce de 20 francs n'a donc pas aujourd'hui la valeur qu'elle avait lorsqu'elle a été frappée il y a seulement 5 ans, parce que la *marchandise or* s'est considérablement accrue.

Quoiqu'il en soit, le numéraire rentrerait dans la circulation, qu'il n'est pas suffisant pour aider à la reprise des affaires commerciales, industrielles et agricoles aujourd'hui complètement suspendues. — Ce qu'il faut, c'est monnoyer la terre, monnoyer l'immeuble. — Le numéraire disparaît ou est trop rare: il faut, à l'exemple des Etats-Unis et de l'Angleterre nous passer de lui, le remplacer par le papier. — Ce dernier ne se dé-

précie que par le peu de garanties qu'il présente : ne
l'émettons qu'en l'entourant des plus sérieuses garanties. — Alors, le billet hypothécaire, instrument du
salut et de la délivrance de la France, viendra aussi en
aide au travail, c'est-à-dire à ce qui crée la richesse, à
ce qui alimente la société, à ce qui soutient et fait vivre l'état, à ce qui produit tout ce qui se consomme
ou tout ce qui se conserve.

Le projet que nous présentons doit soulever d'ardentes critiques et des oppositions passionnées: ceux qui
depuis 20 ans ont ramassé une fortune dans l'agiotage
ou dans des trafics honteux et démoralisants vont jeter
les hauts cris: (rien au monde, a-t-on dit, ne rend
vertueux comme 50 mille francs de rente malhonnête-
ment acquises.) — à eux va se joindre cette société
bizarre, composée de fonctionnaires à multiples appointements, de spéculateurs, d'intrigants, de valets et de
courtisanes ; et aussi, ceux-là même qui nous ont légué
le passé que l'on connaît, dont les lois de crédit, dont
l'ignorance ou l'incapacité nous ont conduit à la ruine,
presque à la banqueroute. — Ils défendront le crédit
factice qui est en entier dans les mains des financiers :
car, c'est dans le jeu complexe et combiné de la bourse
qu'ils ont trouvé leurs bénéfices. — Peu leur importe
que ce soient tous les citoyens, le pays lui-même qui
aient payé les dépenses, les frais du jeu.

La fureur du gain et de la jouissance est leur seul
mobile : leur âme est tourmentée par la passion fréné-
tique de l'argent: ils ont pétrifié leur cœur dans l'ado-
ration de l'intérêt personnel : — A leurs yeux, tout
honnête homme est un vertueux imbécille : l'honneur

et le devoir ne sont que des mots creux qui leur servent à duper les naïfs : sur toutes les routes de l'industrie humaine ils enlèvent au talent le fruit de ses méditations et de ses veilles, au travail le prix de ses sueurs ; ils ont tarifé leur vie et escomptent leur conscience. — Ce qu'il y a de triste, c'est qu'ils marchent le front levé, que leur cynique égoïsme s'affirme hautement avec une impudeur qu'ils appellent de la franchise. Ce qu'il y a de navrant, c'est que, donnant l'exemple de tous les vices, ils osent conseiller au peuple l'économie, la résignation, les habitudes morales et laborieuses. — C'est en s'appuyant sur des considérations d'intérêt public, qu'ils ont conquis les priviléges dont ils jouissent, et qu'ils présentent aujourd'hui comme des droits. — La bourse, qui a pu être comparée à une caverne de spoliateurs, attirant tous les financiers de l'Europe, Paris étant devenu la capitale de l'agiotage universel, ils vont répétant partout que le jeu de la bourse est un mal nécessaire.

Nous ne pouvons accepter la nécessité du mal : le moyen de l'empêcher est bien simple : — il faut que les contrats à la bourse ne soient que des contrats parfaitement loyaux, reposant sur des garanties solides, et non sur des garanties aléatoires ou illusoires. C'est là une revendication dont l'évidente justice mérite l'attention de tout esprit honnête et droit.

Qu'un vol financier s'organise sur une vaste échelle : qu'on fasse appel à la fortune privée, en lui promettant des dividendes merveilleux, tout dans notre ordre social est armé pour l'encourager et le défendre, même la presse qui souvent reçoit des actions pour prix de ses

complaisants mais coupables éloges : — Si, au contraire,
on veut prévenir le public, l'empêcher d'être victime en
dévoilant les menées dont on veut le faire la dupe, la
loi sur la diffamation se dresse devant vous, et vous
conduit en police correctionnelle. On peut fausser la
vérité : on ne peut pas la montrer dans sa transparente
nudité. — On dirait que la France a avant tout pour
bonheur d'être trompée.

Une compagnie quelconque, la société générale du
crédit mobilier comme toutes les sociétés financières
s'arrangent pour que leur berceau soit entouré des pro-
messes les plus séduisantes. — Chacune se présente
comme présidant à l'inauguration d'une ère nouvelle
pour le crédit, comme renfermant dans son sein la
régénération économique et financière du pays, devant
féconder les régions inexplorées de l'industrie, du
commerce, de l'agriculture, de tout travail, de tout
produit. Toute nouvelle organisation fait miroiter des
dividendes fabuleux : elle n'a qu'à frapper la terre pour
en faire jaillir des millions. — Mirages aussi décevants
qu'enchanteurs qui annoncent, pour le moins, une terre
promise. — Écoutons M. Isaac Pereire dans son rapport du 30 Avril 1855 sur le crédit mobilier. (Telle est
la grandeur de cette œuvre qu'il suffit d'en énoncer
le principe pour comprendre aussitôt la fécondité de ses
applications. — La réunion, dans de grands centres,
de capitaux disponibles, dispersés et peut être enfouis
dans diverses contrées de l'Europe. — L'application
directe de ces capitaux aux emplois les plus utiles, et
par conséquent les plus fructueux. — L'abaissement et
la régularisation sur tous les marchés, du taux de l'inté-

rêt. — L'établissement d'un papier de crédit et de circulation Européen. — La disparition graduelle de la plupart des entraves qui rendent actuellement si difficiles, si lentes et si contenues les relations de crédit dans l'intérieur de l'Europe. — Plus tard l'unité de crédit et de monnaie, et probablement la solution des problèmes les plus ardus que se posent aujourd'hui en tout pays les industriels et les économistes.) — Trois ans après, le crédit mobilier plongeait dans la ruine et le désespoir des milliers de famille, pendant que les administrateurs, possédant des millions, restaient inattaquables, et cela en vertu de leurs statuts, admis, patronés par l'état.

La conscience publique proteste avec indignation contre ce monstrueux contraste entre la fortune acquise par l'agiotage et la ruine du travail, entre les millions des administrateurs et les chiffons de papier des actionnaires.

Avec l'aide d'incroyables rêveries financières et politiques, avec l'ombre que la loi elle-même jetait sur les opérations, avec les affirmations officielles, on conduisait, on poussait la France à la souscription des *emprunts Mexicains;* après eux, arrivaient le *grand Central*, les *mines* d'Aubin: puis toutes les spéculations qui doublent les grandes fortunes en détruisant les petites. — Actions industrielles de toutes sortes :— actions des compagnies d'éclairage — actions des compagnies d'assurances — actions pour les journaux — actions pour les voitures publiques, etc..... et un tel système financier a pu trouver, dans les gouvernements qui se sont succédés, non pas seulement de puissants

encouragements, mais aussi des complicités spoliatri-
ces... et l'on a dit avec raison qu'en Angleterre on
se servait d'un capital pour exploiter une affaire, tandis qu'en France on se servait d'une affaire pour exploiter un capital. — En France, en effet, on donne
en quelque sorte aux sociétés le privilége de battre
monnaie en créant des milliards de titres qui s'appellent *valeurs*, sans doute parce qu'ils ne valent rien
et ne sont garantis par rien.

Tout principe faux dans l'ordre moral se traduit toujours en calamités pour la vie sociale.— La soif de la
richesse a semé l'égoïsme : acquérir et jouir, tel a été
le seul mobile: et sous ce courant, les courages se sont
affaissés, amollis, et les caractères dégradés. La fièvre
du gain a emmené la ruine de la patrie, et cruelle-
ment réagi sur le sens moral de la génération actuelle.

Il faut nous hâter de rétablir dans toute sa sainteté
notre vieille probité française. — Que l'action des capitaux serve à autre chose qu'aux combinaisons propres à
faire surgir la prime et surtout à la réaliser. — Car le
spectacle de cette prime enrichissant d'un jour à l'autre
n'est pas fait pour pousser au sacrifice, au dévouement,
au travail réparateur.

VIII.

La banque. — Ses privilèges. — Elle doit être remplacée par le billet hypothécaire.

En France, la plupart des institutions sont acceptées,
sans que ceux dont le devoir serait de les étudier et

de les juger, en connaissent les principes même élémentaires.

Il est aujourd'hui proclamé par tous que (la banque est un établissement qui a donné les gages les plus sérieux de son patriotisme, et dont la prospérité est indispensable au pays.)

La banque n'a été établie que pour venir en aide au commerce. — Loin de rester dans les limites qui lui sont imposées par les principes qui ont présidé à sa création, elle met toutes ses forces au service de l'État; et si l'industrie et le commerce se réveillaient subitement, elle serait obligée de refuser le secours pour lequel elle a été constituée. Elle est depuis longtemps maîtresse du crédit : par les prévilèges dont elle a su s'entourer, elle maintient ses billets à leur valeur nominale: ces derniers ont eu et ont cours forcé.

La banque appartient à une société privée, a des actionnaires : ses statuts interdisent tout établissement rival. — Elle a droit à une émission de billets, triple de son capital. — D'après ses statuts, le billet de banque n'a pas de garantie pour une représentation plus forte que le tiers de sa valeur nominative. — La banque a toujours outrepassé les droits d'émission et de circulation que lui donnent ses privilèges. Dès ses premiers jours, en 1801, elle pouvait prêter jusqu'à 272 millions au gouvernement avec une réserve moyenne de 12 millions : et ses actionnaires touchaient déjà jusqu'à 105 fr. $_0/^\circ$. En 1805, son encaisse est de 1,186,000 fr. — Ses billets en circulation étaient de 48,334,000 fr. — En 1846 et 1847, la réserve métallique est de 72 millions, et la circulation de billets est de 260 millions.

— La banque de France a émis alors pour plus de 300,000,000 fr. avec une encaisse de 90,000,000 fr. — En 1848, elle rend des services au gouvernement provisoire, et en échange, elle se fait concéder la suppression des banques départementales et le cours forcé de ses billets : à la même époque et pour un prêt de quelques millions, elle exige la garantie des forêts de l'état. — En 1852, elle fait des avances au gouvernement impérial et accorde des délais pour le remboursement de ce qu'elle a déjà prêté ; elle obtient pour récompense une prorogation de privilège de 12 ans. — En 1857, nouveaux services, nouvelle prorogation de privilège de 30 ans. — Depuis 1863, la garantie métallique n'augmente pas, et cependant la moyenne des billets en circulation est de 800 millions. — Aussi les actions de la banque de France de 1,000 fr. étaient côtées 4,000 fr. — Elles sont doublées en 1866, et elles valent encore 3,500 fr.

Aujourd'hui le capital de réserve serait de 120 millions, et c'est sur ce fond de garantie qu'on aurait émis des billets de banque pour plus de 2 milliards, 600 millions ! — En dehors du cours forcé qui, les impose, ces billets jouissent d'un si grand crédit qu'ils sont souvent préférés à la monnaie. — La banque les prète en retenant depuis 4 o/° jusqu'à 10 o/° : ce qui signifie que l'émission seule des 2 milliards 600 millions en billets de banque donne aux 120 millions de réserve à 5 % la somme de 130 millions et à 10 % celle de 260 millions. — En résumé, le numéraire de réserve qui est enlevé à la circulation et par suite essentiellement improductif à tout point de vue, rend cependant un intérêt allant de 130 à 260 pour °/₀.

Malgré ces résultats pécuniaires obtenus depuis sa création jusqu'à nos jours, « craignant, dit Dalloz, de ne pouvoir réaliser des bénéfices suffisants pour servir à ses actionnaires *un intérêt annuel de 6 °/₀*, elle se décida au rachat de 22 mille de ses actions. » — La loi du 4 Juillet 1820 a la première constaté ce nouvel état du capital de la banque en ordonnant la répartition de la réserve disponible *aux propriétaires des 67 mille 900 actions*, (chacune de 1,000 fr.), restant en circulation. — La loi du 30 Juin 1840 a conservé la même situation, et elle ajoute dans son article 2 que le capital actuel ne pourra être augmenté ou diminué que par une loi spéciale. — Les dividendes se trouvent donc considérablement accrus par les mesures législatives qui précèdent, pour la période qui va de 1820 à la loi qui a permis l'augmentation du capital de garantie.

La banque composée de financiers, gens qui, pour emprunter l'expression de Sully, *possèdent la science de sucer le sang du peuple*, a recueilli dans les moments de crise des bénéfices considérables, et cela d'autant plus facilement que, patronée et privilégiée par l'état auquel elle rendait des services, elle était en même temps la directrice du marché qu'elle réglait selon ses convenances et ses intérêts.

Avec les habitudes financières de la banque, il est impossible au petit commerçant, à l'ouvrier d'emprunter. — Le crédit ne peut exister pour lui ; car pour tout prêt, elle exige trois signatures sûres. — Elle ne fournit ses fonds qu'à ceux qui sont riches, et qui par suite n'en ont pas besoin. — L'ouvrier, le petit commerçant est rejeté par elle, et doit fatalement s'adresser au capital usuraire qui n'ira à lui qu'à de gros intérêts, d'autant plus forts que les chances de perte sont plus grandes.

Devant la situation qui est faite par la banque au petit commerce, à la petite industrie qui ont une si grande influence sur la richesse publique, rappelons les paroles du rapporteur de 48: (Dans nos sociétés modernes, le crédit, c'est la force vive, c'est le nerf de l'industrie, c'est l'élément de travail par excellence. Par le crédit on peut accélérer ou ralentir: on peut diriger la production, la circulation et la consommation: par le crédit on commande au travail, on donne l'essor à l'agriculture, à l'industrie, au commerce : par la suspension du crédit, on peut, à un moment déterminé, faire fermer tous les ateliers, réduire à la misère des millions de travailleurs et des milliers d'industriels, bouleverser toutes les fortunes, jeter partout le désordre, mettre la société en interdit, et tenir le gouvernement en échec: quiconque est maître du crédit, peut devenir maître de la France.)

Ce principe admis, comprend-on qu'on abandonne à la banque, c'est-à-dire aux possesseurs de 120 millions, à la banque qui n'est qu'une société particulière, une puissance comme le crédit. N'est-ce pas lui concéder le droit de régler à volonté la vie, le mouvement du travail, du commerce, de l'industrie; n'est-ce pas remettre entre ses mains le sort et la fortune de la France comme de la société.

La banque est basée sur des erreurs ou des probabi-

lités : elle n'est qu'un tissu de non-sens et de contra-
dictions. — Elle établit en principe qu'il ne se présen-
tera au remboursement en espèces qu'un tiers des billets
payables au porteur : Elle veut qu'une encaisse trois fois
plus faible que les émissions en soit l'exacte représentation : — Sans cesse le mensonge est substitué à la
vérité, la fiction à la réalité. — Quand les temps sont
menaçants, la banque restreint ses escomptes, oubliant,
pour servir ses intérêts, qu'on ne lui a accordé son
privilège que pour étendre et faciliter les transactions :
et, malgré cela, elle reste maîtresse de la fortune et de
la paix publique ; elle gouverne à son gré les rouages de
la vie sociale. — Que de fois, dans combien de crises
la banque n'a-t-elle pas agi contre les intérêts nationaux. Et cela, parce qu'elle n'est qu'une industrie
privée qui travaille d'abord pour ses actionnaires, et
puis.... si elle le peut,... pour le commerce.

Jusqu'à ce jour à quoi ont servi les banques des nations ?
Soit qu'elles aient été libres comme aux Etats-Unis,
soit qu'elles aient eu un privilège exclusif comme en
France et en Angleterre, elles ont toujours abouti à la
même impuissance. Elles ont toutes suspendu leurs
paiements en numéraire sous l'empire d'une frayeur ou
d'une crise. — Rappelons l'année 1848 : la banque
éperdue, voyant tarir son encaisse métallique, a arrêté
ses paiements et s'est retranchée derrière le cours forcé.

Le crédit ne devrait exister qu'entre les mains de
l'état, puisque seul il représente les intérêts généraux,
la société elle-même.

La compagnie particulière n'a et ne peut avoir qu'un
but, le bénéfice. — l'Etat au contraire, a intérêt a voir

le travail productif et n'a pas de dividende à payer.
S'il prêtait des capitaux ou instruments de travail,
même gratuitement, sans redevance aucune, il augmenterait considérablement ses revenus par l'accroissement de la fortune publique, par l'extension de la matière imposable.

Comment peut-il se faire que l'Etat qui a seul
le droit de battre monnaie, d'imprimer sur l'espèce métallique le sceau qui la contrôle et la garantit, cède
son privilège à une société de capitalistes, lorsqu'il
s'agit de créer le billet, c'est-à-dire de frapper la monnaie la moins dispendieuse, le papier. — N'est-ce pas
à lui qu'incombe le devoir d'établir le titre, la valeur,
de limiter le nombre de tout moyen d'échange ?

Dans notre ordre social, le crédit n'a eu qu'un
résultat, l'accroissement de la richesse des privilégiés.
— créé par les capitalistes, il n'a jamais fonctionné
qu'à leur profit. — L'émission du papier faite par une
puissante compagnie a tout mis entre ses mains. — Le
papier a été la pompe aspirante de la prospérité publique au profit des financiers. — De là, ces fortunes
stériles qui s'entassent, qui attirent tout à elles, pour
tout absorber, au lieu de se répandre pour multiplier et
accroître les germes de la fécondité publique.

La banque étant la dispensatrice, la régulatrice du
crédit, les banquiers exagèrent ses craintes, aussitôt
qu'elle se montre rigoureuse en élevant son taux
d'escompte: — Il la suivent dans cette voie, et c'est
ainsi qu'elle sert encore à jeter l'arrêt dans les affaires.

Est-ce à elle qu'on doit s'adresser, alors que la fortune publique est détruite, et que la France doit plus de

22 milliards? — Est-ce son secours qu'on va implorer.
— Mais, outre qu'elle ne peut fournir les fonds qui sont
indispensables, elle ne ferait qu'ajourner l'explosion,
tout en accroissant la dette, c'est-à-dire en rendant la
position pire. La preuve de l'impuissance de la banque
se trouve dans ce qui a eu lieu à la conférence pour le
traité définitif entre la Prusse et la France: — On a
offert à M. de Bismarck les billets de la banque de
France. — Il sait ce qu'est la banque : il connaît son
mécanisme, son organisation: il n'ignore pas que 2 milliards, 600 millions sont représentés par 120 millions,
que cette institution appartient à une société particulière. — Il refuse. — Si le billet hypothécaire eut
éxisté, garanti par l'État, par la chambre, par le propriétaire détenteur du sol, par la France entière, le chance-
lier prussien aurait-il pu refuser, alors que ce billet lui
aurait mis entre les mains un gage ayant une valeur double de ce qu'il réclame, alors que tous les éléments, toutes
les forces d'un État civilisé se seraient unis pour se livrer à
lui — évidemment non. — Et, si, pour humilier la nation, il
eût articulé cet outrageant refus, est-ce que l'Angleterre
si positive n'aurait pas avancé les 5 milliards sur la
garantie impérissable de 10.

Les illusions ne sont plus possibles, et l'on ne doit
plus dire qu'on ajoute à la fortune du pays, en multi-
pliant les coupons et les billets de banque : car en agissant
ainsi, on court à la banqueroute ; on crée l'assignat
qui est rejeté par tout le monde et surtout par nous.

Singulière contradiction. — On reconnaît qu'il n'y a
pas assez de numéraire, puisque la banque a pour but
de suppléer à cette insuffisance par l'émission des billets.

— Et, pendant ce temps, on lui impose l'obligation d'en retirer de la circulation une quantité toujours considérable, pour constituer sa réserve : elle l'enlève ainsi aux besoins journaliers : et, malgré ces précautions, à un moment donné, elle ne peut suffire au remboursement des billets présentés! Il faut donc remplacer le numéraire absent et les billets qui n'ont que des garanties précaires par un papier qui ne peut être déprécié puisqu'il repose sur les valeurs les plus certaines. C'est là une réforme indispensable qui est imposée par la justice et par les faits.

Les privilèges de la banque peuvent seuls s'opposer à l'application de la mesure que nous réclamons, et, les priviléges devant disparaître, il faut se hâter de mettre l'idée à l'étude, et de préparer le moment où elle deviendra institution française.

Dans la détresse qui accable le commerce, l'industrie, le travail, la propriété, les denrées comme les valeurs sont inertes: elles restent dans l'inaction; elles ne circulent plus: or, ce temps d'arrêt, s'il se prolonge, peut devenir la mort pour l'industrie et l'agriculture, pour les sources de la fortune publique. Que chacun soit libre de travailler, d'acquérir, d'user de sa propriété, sans être arrêté par les vieilles idées de contrainte et de réglementation.

IX.

Le crédit foncier. — Quelques objections.

Pour bien apprécier tant le système proposé que celui qui nous régit, il faudrait s'abstraire des préjugés, des intérêts, et étudier froidement certaines idées qui au premier aspect semblent manquer de justesse et de vérité. — Dans toutes nos lois financières, on n'a recherché jusqu'à ce jour que la sécurité du capitaliste. — Or, qu'a fait le capital ? Que doit-il faire ? Quelle est son essence, sa raison d'être ? — Exploiter. — Et l'on penserait à lui pour liquider ! — Il s'est mêlé à toutes les affaires avec une adresse réelle, et une grande apparence de moralité : il s'est glissé dans toutes les branches de l'industrie avec tant d'habileté qu'il semble faire corps avec tous les travaux honnêtes. — La preuve de cette assertion est de nos jours établie par le crédit foncier.

La considération mise en avant pour accorder à cette institution le privilège de non-renouvellement de l'inscription décennale est ainsi exposée dans le rapport de M. Allart. — (24 mai 1855) (guidé par cette idée pleine de sollicitude que le crédit foncier était un bienfait pour la France, qu'il avait pour mission d'abaisser le taux de l'intérêt, de favoriser l'agriculture et de concourir dans une large mesure à l'amortissement des charges considérables qui pèsent sur la propriété foncière.) — Voilà le but allégué. — A-t-on même cherché à l'atteindre ? — Le décret du 28 février 1852 autorise la création du crédit foncier ; aussitôt, surgit une grande société composée des hommes les plus considérables dans la banque, dans la finance, dans l'administration : le 28 mars de la même année, elle est constituée. — Tout le monde sait ce qu'elle a produit : rien ou des mécomptes pour l'intérêt général, des bénéfices pour elle.

Le rapport des censeurs du crédit foncier sur l'exercice 1864 dit très-clairement le but poursuivi par cette institution de capitalistes. (En même-temps que la dernière crise diminuait nos prêts hypothécaires, elle offrait un placement plus fructueux à nos comptes-courants, même dans les moments les plus difficiles : elle nous rendait ainsi d'un côté ce qu'elle nous ôtait de l'autre, par l'effet naturel des combinaisons financières sur lesquelles reposent nos opérations.) — Aveu précieux et naïf qui signifie qu'on ne s'occupera de la propriété foncière que si l'on ne trouve pas une utilisation plus fructueuse des capitaux.

Le crédit foncier créé pour venir en aide à l'agriculture, n'a rien fait pour l'affranchissement du sol, pour la propriété rurale; il a favorisé les villes au détriment des campagnes, et les entreprises étrangères au mépris des intérêts français. — L'idée première de l'institution a disparu. — On visait à l'association, à des sociétés d'emprunteurs; on n'a eu que des sociétés de prêteurs. — De là, le crédit foncier de l'empire avec ses priviléges. — La loi a remis à des compagnies financières le soin de sauver la propriété obérée et haletante;... et ces compagnies n'ont eu qu'un but, le bénéfice. —

Elles tendent à tuer la propriété, parce qu'après avoir fait des prêts à des conditions acceptables, elles vont attirer à elles tous les capitaux, et feront des lois léonines aux emprunteurs qui seront dans l'obligation de s'adresser à elles, et à elles seules. — Le crédit foncier, à son origine, demande pour une période de cinquante ans, — 5 %: bientôt il exige 5, 44. — 5,65. — 5, 95. — 6, 06, %. Pourquoi s'arrêterait-il en si bon chemin ? Il ne fournit pas d'argent: il donne du papier soumis à une dépréciation de 2, 50 % résultant de l'escompte qu'il opère lui-même. — Puis, retenue de la première annuité. — En réalité, pour un prêt de 10,000 fr. pour dix ans, le crédit foncier ne compte que 8,408 fr. — Le crédit foncier exploite la confiance publique à l'aide de procédés fort habiles, et qui ont pour résultat de faire croire qu'on rend, à prix très-bas, des services qui se paient très-cher.

Nous ne citerons qu'un exemple des opérations auxquelles se livre le crédit foncier. — La conversion d'une dette à court terme de la ville de Paris en une dette d'une durée de 40 ans, souleva dans la chambre un débat orageux : — Le crédit foncier fut accusé d'avoir violé la loi pour recueillir des bénéfices irréguliers et exorbitants. — Son opération fut taxée d'usuraire, le bénéfice recueilli par lui d'illicite et de monstrueux : et, dans ses explications, il se retrancha derrière l'escompte de la banque de France : il se défendit comme un accusé de police correctionnelle : il plaida la circonstance atténuante, sans nier le vol. — Aujourd'hui, qu'importent les malheurs qu'on provoque, les ruines que l'on sème, pourvu qu'on ait en sa possession le

plus de cet or qui peut procurer la satisfaction de toutes
les jouissances égoïstes et secrètes.

Une institution quelconque de crédit foncier ne peut
rendre des services à la propriété rurale qu'à la condition d'être sous la direction de l'état ; parce que lui
seul peut donner de l'argent à 3 %, c'est-à-dire à un
taux en rapport avec le revenu du sol ; parce que, lui
seul, peut avoir un personnel peu couteux ; parce qu'enfin les capitaux privés ne s'engageront jamais à un
taux inférieur à 5 %, et qu'ainsi payés, ils doivent
précipiter la ruine de l'agriculture.

Nous ne ferons que mentionner le crédit *agricole* qui
dit lui-même qu'il a pour principal but: (escompte
et réescompte de papier de commerce sur la France
et sur l'Étranger, escompte des warrants, avances
sur titres, ordres de bourse, chèques, délégations et
lettres de crédit sur la France et sur l'Étranger, comptes-courants à l'usage des commerçants et des industriels, retrait de traites documentées) le crédit qui se
dit *agricole* a-t-il le temps de s'occuper de l'agriculture ?—

(L'État banquier, va-t-on-dire, l'état prêteur ; c'est
du socialisme) — Oui ! — Si toute amélioration, tout
perfectionnement, tout progrès est du socialisme, le
billet hypothécaire est du socialisme juste, indispensable, puisqu'il nous conduit à un ordre nouveau où le
travail et la propriété, ces deux bases de toute civilisation, auront leur place légitime et jouiront de leurs
droits ; puisqu'il moralise en détruisant l'agiotage. —
Préfère-t-on l'État, patronant le crédit foncier, lui

nommant un gouverneur, déclarant à tous que cette institution n'est créée que pour venir en aide à la propriété foncière, et l'aidant ainsi à prélever sur cette dernière des bénéfices considérables, plus de 20 o/o, sans compter les riches appointements d'un nombreux cortège d'employés.

Dans la banque, dans le crédit foncier, dans le crédit agricole, l'Etat intervient pour favoriser la finance et lui donner des privilèges : Il est partout, jusqua dans les compagnies de chemin de fer qu'il soutient par des subventions, par des concessions prorogées, par l'obligation qu'il accepte de la construction des nouveaux réseaux.... et, il ne pourrait intervenir pour un intérêt-général, pour affranchir la propriété, pour solder la dette nationale, pour libérer et encourager le travail. — On ne demande pas à l'Etat de détourner, pour protéger la propriété foncière, un capital qui serait le produit de l'emprunt ou de l'impôt : on lui demande d'aider à la circulation d'un capital existant.

(Mais, dira-t-on encore, que vont devenir les fonds rendus au capitaliste : ce dernier court risque d'être ruiné : et son argent comme l'immeuble est le fruit, le produit du travail.) Ce qu'ils vont devenir ? mais qu'on ouvre les yeux, et l'on va voir tous les éléments de la fortune publique paralysés faute de capitaux. Ils iront se substituer aux milliards qui, depuis la guerre et par le fait de l'agiotage spoliateur, sont réduits à néant ou à peu près, ou s'allier dans le commerce et l'industrie à l'activité, au travail, à l'intelligence. Venir à l'aide de l'industrie et du commerce si grave-

ment compromis, produire ainsi des revenus plus
assurés pour leurs détenteurs, plus de bien-être et
de richesse pour la nation entière, telle doit être leur
fructueuse utilisation. — Sans doute, l'intérêt de l'argent peut baisser, la loi de 1807 sur le taux de cet intérêt peut disparaître : mais cela ne vaut-il pas mieux
pour les capitaux que d'aller encore demander une
hospitalité trompeuse à de nouveaux chemins Espagnols,
Ottomans, Mexicains ou Italiens. — Qu'on soit certain que les abus qui pourront résulter de l'applica
tion du système proposé seront compensés par des
bienfaits sociaux d'un incontestable avantage.

Enfin, on peut alléguer que le papier n'ayant pas une
valeur intrinsèque, ne peut servir de gage : — Que toute
sa valeur étant dans la confiance qu'il inspire, il devient
un danger, si la confiance disparaît : — Cet argument,
vrai pour toutes les valeurs actuelles, ne peut être in-
voqué contre le billet hypothécaire qui aura pour garantie une valeur double de sa valeur nominale. —
Pourquoi le papier représentant une valeur positive
supérieure de 7 ou 8 fois à celle du lingot qui garantit
le billet de banque, ne pourrait-il pas servir comme
ce dernier à l'échange des divers produits du travail ?

En résumé, les finances font et ont toujours fait à
l'état des conditions périlleuses et onéreuses : La
banque, le crédit foncier et autres institutions de crédit
ont, selon l'expression d'un publiciste, soutenu l'état,
comme la corde soutient le pendu.

X.

L'égalité devant le crédit. — Le billet hypothécaire. — Conclusion.

Le premier principe en matière de législation est l'égalité : et, pas une loi financière actuelle ou du passé qui n'ait violé ce principe.

De tout temps, les français se sont laissés bercer par d'illusoires paroles : on leur répéte sans cesse que tous sont égaux devant la loi : et la plus avilissante comme la plus scandaleuse inégalité n'a cessé de peser sur eux. — Il est temps d'opposer le droit à l'usurpation, la vérité à l'imposture, et de vouloir que, sous une loi de justice, la propriété qui est le principe indispensable à la vie de la société, qui est le plus fécond, le plus émancipateur, le plus sauveur des principes, jouisse des mêmes avantages de crédit que le commerce et l'industrie.

Nous sommes à une époque de rénovation et de transformation. — On a beau définir et analyser, raisonner et conclure, le fait révolutionnaire est là qui poursuit sa route et entraîne tout avec lui. — Les idées sociales, d'abord purement théoriques, se sont emparé des esprits : elles les ont pénétrés : et aujourd'hui elles veulent prendre corps et entrer dans les institutions.

Les mœurs, les tendances, les intérêts surtout ont éprouvé des modifications qui nécessitent un changement complet dans les lois, surtout dans les lois financières. — Il ne faut plus qu'un privilège, quel qu'il soit, puisse grever le travail, les produits, le commerce, ruiner le fabricant comme le producteur, l'ouvrier comme l'intermédiaire.

L'industrie a des papiers de crédit qui dépassent 40 milliards, et elle a été toujours protégée et patronée par l'État. — Le nombre et l'importance des valeurs qu'on appelle *effets publics* et qui sont côtés à la bourse, se sont accrus d'une façon extraordinaire; et l'on peut, sans exagération, les évaluer à plus de 60 milliards. — Lo commerce a toutes sortes de privilèges: il a sa banque, un mode de transport de créances plus simple et plus rapide, des titres à lui, une juridiction particulière, tout un code qui porte son nom : son billet à ordre, sa lettre de change ne sont que le remplacement du numéraire qui manque ou qui ne peut circuler assez vite, des papiers d'attente.... et l'agriculture qui crée le commerce et l'industrie, qui les alimente, qui les fait vivre, n'a rien.

Par le système proposé, la propriété immobilière fait les conditions les plus favorables à l'État : elle le dégrève; elle l'enrichit : et par suite consolide la fortune de la France. — Et, pour rendre cet immense service, elle ne demande que ce dont jouissent toutes les sources de la prospérité nationale.... le crédit. — Elle offre pour gage la terre, c'est-à-dire la valeur la plus productive, nous allions dire la seule productive, celle qui ne peut périr ni disparaître, qui constitue la force de la patrie, sa grande industrie, et qui est avant tout et par dessus tout éminemment sociale. — Enfin la mobilisation de l'immeuble est le seul moyen d'universaliser la richesse, en la fécondant. Le crédit territorial doit être la mine inépuisable où l'État trouvera des trésors.

Le moment est opportun, parce que le crédit actuel n'existe plus, que le calme a disparu, que les fonds se cachent, qu'on ne fait plus d'affaires. — Ce qui a fait la sauvegarde de nos institutions financières jusqu'à nos jours, c'est une confiance basée sur les préjugés. Ce qui a défendu et soutenu des lois et des hommes souvent très-équivoques, c'est cette force mystérieuse qui prend sa source dans les habitudes. — Un nouveau système excitera d'autant plus de reconnaissance, qu'il redonnera la vie à toutes les industries, qu'il fera naître partout l'activité, le travail.

Le billet hypothécaire sera facilement accepté, parce qu'il aura une valeur réelle qui ne peut périr, tandis que le gage de la banque peut disparaître dans une révolution, dans une émeute un moment triomphante. — Le billet hypothécaire implantera ses racines dans le sol et sera inébranlable comme lui. — Dans toutes les institutions de crédit actuel, la confiance ne reposant pas sur des valeurs véritables, elles sont facilement paralysées dans les époques de crise.

Le prix de l'argent se fixant autour d'un taux modéré, l'emprunt ne sera plus une charge onéreuse, et l'intérêt dû au service rendu sera rémunéré sans effort et sans gène. — De même, l'État ne pourra jamais changer son mode de prêt, émettre d'autres titres que les titres hypothécaires, créer des billets au porteur, se mêler à aucune spéculation, à aucune entreprise industrielle ou de finance.

Le billet hypothécaire sera plus pour le crédit fon-

cier que n'est le billet de banque pour le commerce :
comme ce dernier, il sera un instrument de crédit, une
valeur de circulation : mais de plus que lui, il aura
une garantie impérissable et cours forcé : de plus que
ce dernier aussi, il sera productif d'intérêts, constituera
le plus solide des titres hypothécaires, et enfin doit
atténuer sinon éteindre les impôts, et dans quarante
ans liquider la dette publique. — Surexcitant la fécondité du sol, il en tirera assez de richesse pour payer
les frais de la guerre actuelle. — La fortune territoriale deviendra le gage de la puissance nationale. —
Alors les bénéfices des intérêts, loin d'aller grossir les
caisses des financiers déjà trop opulents, iront à l'Etat.
— Ainsi se trouvera consolidé le crédit public déjà
ébranlé par les folles prodigalités du régime déchu, et
par la funeste ineptie qui présidait aux finances dont
les comptes se soldaient par des déficits

Le billet hypothécaire servira aussi à assurer et à
faciliter la reprise des affaires, des travaux et des relations industrielles et commerciales. — Celui qui a
emprunté à de gros intérêts pourra diminuer le poids de
la dette et l'amortir insensiblement, tandis que l'industrie qui ne trouve pas facilement de capital en aura à
sa disposition, parce que ce dernier se jettera dans les
entreprises manufacturières, où réuni au travail, il
peut rapporter de plus beaux bénéfices.

Enfin, le billet hypothécaire doit donner le spectacle
nouveau d'une institution rendant d'immenses services,
et fonctionnant moralement, sans spéculation, sans
actionnaires, sans administrateurs, sans dividendes.

Cette institution devient une mesure de salut public,

en face de la crise financière qui menace douloureuse-
ment l'agriculture, le commerce et l'industrie.—Pendant
trois ou quatre 'ans, il va falloir à la France moins
de bruit de canon, plus de bruit d'atelier, moins
de mitrailleuses, plus de denrées alimentaires et
de première nécéssité. Or pour raviver le travail,
le billet hypothécaire sera plus exact, plus solide
que tout ce qui existe, parce que sa garantie est
impérissable ; parce que la confiance qu'on a dans
un individu, dans une association, dans un gouvernement ne peut jamais être égale à celle qui gît
dans une garantie immobilière inaltérable. Là est sa
supériorité sur les billets, les valeurs commerciales,
partout acceptées, qui sont presque toujours établies
sur un crédit personnel qui disparaît, soit avec la personne, soit avec l'industrie exercée par la personne.

On croit tout parfait et surtout impérissable, quand
on bénéficie. — La *propriété croissante* sera toujours
le mot rassurant des rentiers et des spéculateurs : et,
leur avidité satisfaite, ils ont la quiétude : — Leur
égoïste repos a jeté un voile entr'eux et ce qui les menace. Ces hommes compassés, ternes, méthodiques, mesu-
rés ne voient pas que pendant ce temps, le peuple se
compte, qu'il sent le rôle qu'il joue et marche en avant
pour le bien jouer. — Il suit en cela cette grande loi
de la nature, des choses, des hommes, comme des institutions qui veut que tout commence, grandisse, se per-
fectionne pour décliner plus tard et mourir. — Et pendant qu'ils sont à leur apogée, qu'ils ne peuvent plus
que descendre, le peuple créé par la révolution touche

à la période de l'agrandissement et tend à monter de
plus en plus. — Ces hommes imprévoyants ne s'apper-
çoivent pas, comptant sans cesse sur l'immobile stagna-
tion, que les petits canaux dont les eaux semblaient
naguères endormies vont briser, par leur poids sans
cesse augmentant, l'écluse qui les retient encore captives,
pour couler à grands flots, en véritables torrents, entraî-
nant ce qui résistera et chassant tout devant elles. —
Le Siècle de la démocratie arrive : il s'avance chaque
jour : il a pour cortège la destruction des privilèges,
l'accord des esprits, les opinions calmes et durables :
il revendique l'instruction, le bien-être ; il proclame
que la seule base légitime d'une société est le bonheur
de ceux qui la composent : il veut le droit qui s'abrite
sous la liberté qui est sa gardienne en même temps
qu'elle est sa force. Ce mouvement qui agite, mais qui
élève aussi, existe déjà : il se propage, se communi-
que à tous les membres du corps social, et les parties
extrêmes en sont les plus remuées. — Le progrès de
l'esprit humain, l'activité sans cesse renaissante des
éléments révolutionnaires qu'on opprime, qu'on calom-
nie, qu'on mitraille, sans pouvoir les vaincre, le mécon-
tentement grossissant chaque jour des classes ouvrières,
tant de travailleurs inoccupés dans les villes et qui
vont tomber à la charge de l'Etat, tout fait à notre
patrie une situation pleine de périls. — Un seul remède,
un seul moyen de salut, le travail : et, pour l'alimenter,
le crédit immobilier. — Tout germe de dissolution s'éva-
nouira, quand l'ordre social, s'appuyant sur la liberté
et l'égalité, aura des lois justes pour garantie de la paix
entre l'autorité et les citoyens.

En vertu de l'activité qui lui est propre, le peuple se relèvera de sa misère traditionnelle et tendra vers le bien-être. — Voudrait-on empêcher sa réhabilitation, et son bonheur acquis par le travail et l'instruction.

Le sentiment qui nous a dicté ces lignes est l'ardent désir d'être de quelque utilité dans ces jours d'alarmes : et, lors même que le système serait rejeté, nous croirions avoir réussi, si, ayant indiqué le mal, nous faisions naître la pensée de chercher un meilleur remède.

FIN.

TABLE.

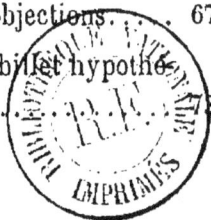

Pau — Imprimerie TONNET.

www.ingramcontent.com/pod-product-compliance
Lightning Source LLC
Chambersburg PA
CBHW071244200326
41521CB00009B/1625